La CULTURE FRANÇAISE

LECTURE & CIVILISATION

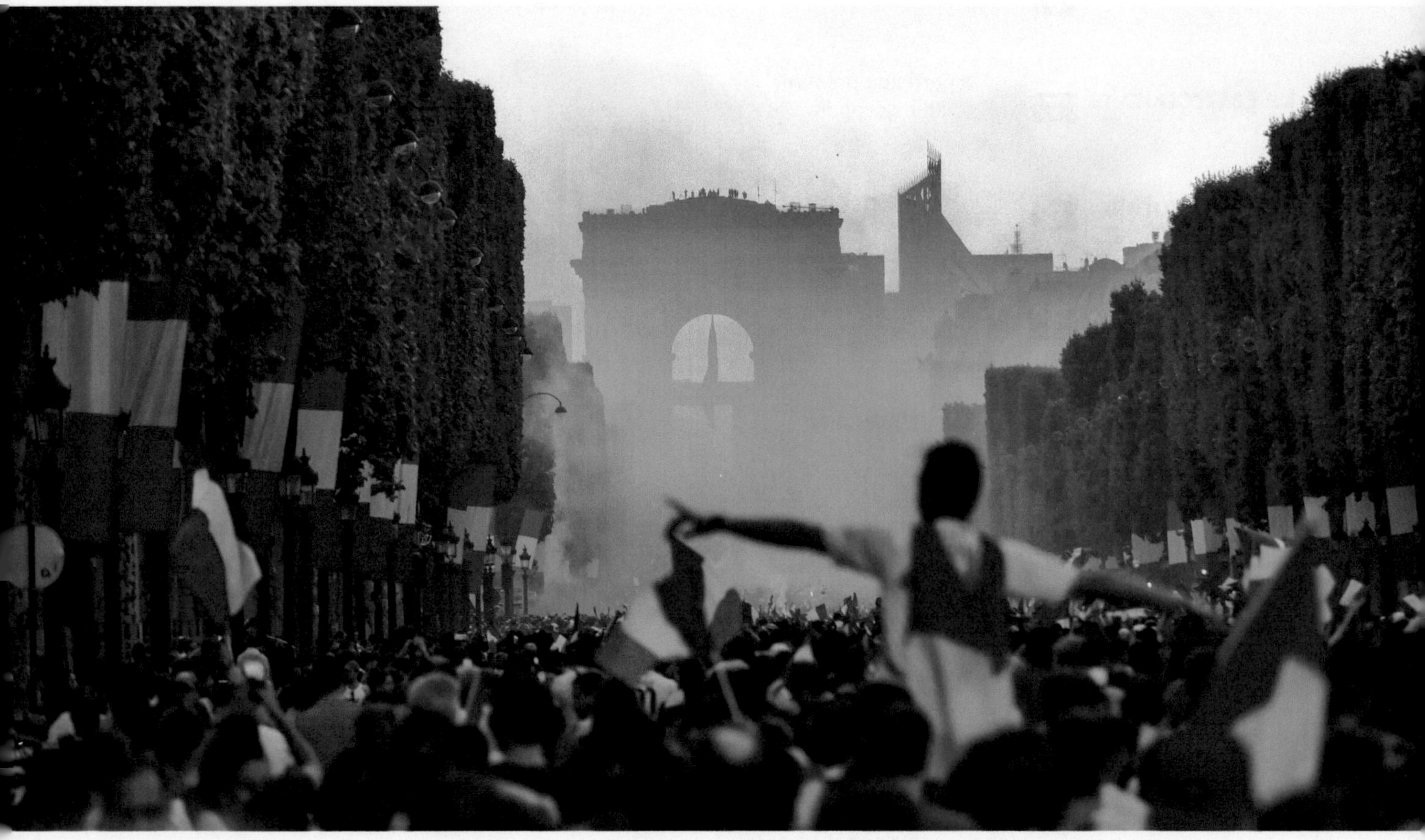

Olivier Lorrillard
Akiko Tamura
Nicolas Dassonville

alma
Éditeur アルマ出版

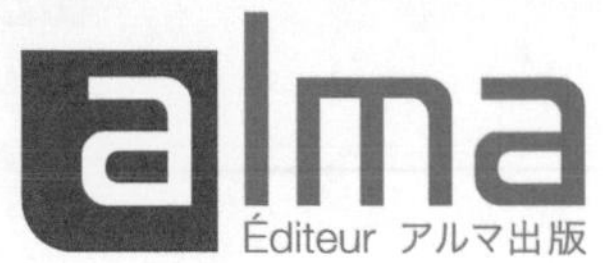

TABLE des MATIÈRES

Manières de VIVRE 生活様式

Manières de PENSER 思考様式

MODE d'EMPLOI

C'est simple !

Page 1 Le TEXTE

Sa lecture est facilitée par :

1	« Les premiers mots »	un court rappel du vocabulaire de base 本文のテーマに関する基本語彙の復習
2	Des traductions	pour les expressions difficiles ou ambigües du texte 難しいまたは曖昧な語や表現の日本語訳
3	Un enregistrement	pour écouter le texte 音声（QR コードからアクセス）

Page 2 Les EXERCICES

DAPF

4	« La compréhension »	pour vérifier si vous avez bien compris le texte 本文内容の理解確認
5	« La grammaire »	pour réviser un point de grammaire 文法の復習

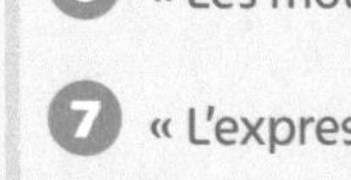

FACULTATIF

6	« Les mots-clés »	pour retenir cinq mots à forte valeur culturelle フランス文化の理解に重要な語彙や表現の習得
7	« L'expression »	pour réutiliser une expression courante 本文にある便利な表現・文構造の再使用（和文仏訳問題）
8	« La distinction »	pour éviter une erreur fréquente 混同しやすい表現・文構造に関する練習
9	« Et vous ? »	pour communiquer (écrit et oral) 筆記または口頭でのコミュニケーション活動

Page 3 Des DOCUMENTS COMPLÉMENTAIRES*

* sauf les leçons 1, 3, 13, 14, 26, 27

FACULTATIF

Ils illustrent les informations du texte, les prolongent ou apportent un regard différent.

本文中の情報を説明または補足します。また各課のテーマに関する異なる視点を提示します。

C'est pratique !

Les étudiants sont autonomes

La méthode inclut des traductions, des enregistrements, un site d'information.

語彙の日本語訳、本文音声、教科書の専用ウェブサイトを使い、学習者は自律的に学習できます。

L'ordre des leçons est libre

Chaque thème est traité de manière indépendante.

各課のテーマは独立して扱われており、課の順番を変えることが可能です。

1. MANIÈRES DE **VIVRE**

LES PREMIERS MOTS

1 un pays :
2 une culture :
3 une information :
4 vrai(e) :
5 faux (fausse) :
6 positif(ve) :
7 négatif(ve) :
8 un stéréotype :
9 une image :
10 la réalité :
11 découvrir :
12 faire attention à :

THÈME **1**

Attention aux clichés !

Vous avez peut-être entendu dire que les Français sont élégants et galants ? Ou bien qu'ils sont individualistes et râleurs ? Pour découvrir une autre culture, il faut d'abord oublier tous les clichés, positifs ou négatifs.

Les clichés sont simplificateurs. Les Japonais ont parfois l'impression que les Français ne travaillent pas assez, et pourtant les statistiques montrent qu'ils sont parmi les plus productifs[1] !

Les clichés sont aussi très relatifs. Dans certaines cultures, on trouve les Français plutôt rigides, tandis que dans d'autres cultures, on a l'impression qu'ils ne respectent pas assez les règles...

Enfin, les clichés résultent souvent de confusions. Dessiner les Français avec un béret sur la tête, c'est confondre la France d'aujourd'hui avec la France d'autrefois. Penser qu'ils sont tous élégants, c'est confondre la réalité quotidienne avec l'image renvoyée par l'industrie du luxe et de la mode...

Bref, les clichés empêchent de saisir la diversité d'une culture.

Dans ce livre, nous espérons donc vous[2] aider à dépasser[3] les stéréotypes pour mieux connaître les Français.

Cependant, il est impossible de résumer les grands aspects d'une culture en quelques mots sans faire de généralisations.

Nuancez donc chaque information de ce livre. Par exemple, lorsque vous lisez : « Les Français mangent des grenouilles », cela ne signifie pas que tous les Français en[4] mangent ! Selon le contexte, « les Français » peut signifier « la plupart des Français », « beaucoup de Français », « certains Français », ou simplement « les Français, en comparaison avec les Japonais ». Quoi que l'on dise[5] sur une culture étrangère, cela dépend des[6] gens et des situations !

✓ Quels stéréotypes sur la France sont représentés sur cette page ?

1 *productif (ve) :* 生産性の高い (les plus productifs : 形容詞 productif の優等最上級) **2** *vous :* 直接目的語人称代名詞 (→ p.47) **3** *dépasser ~ :* ~を越える **4** *en :* 中性代名詞 (→ p.61) **5** *quoi que l'on dise :* 人が何を言おうと **6** *dépendre de ~ :* ~による

Exercices

LA COMPRÉHENSION

DAPF

1 Cherchez dans le texte la traduction de ces expressions. 日本語に対応する表現を本文から抜き出しなさい。

1. すべてのフランス人
2. フランス人（総称）
3. 大部分のフランス人
4. 多くのフランス人
5. 一部のフランス人

2 Répondez. 本文の一部を使いながら、質問に答えなさい。

1. Quels exemples de clichés sur la France et les Français y a-t-il dans ce texte ? Sont-ils positifs ou négatifs ?
2. Donnez trois raisons d'éviter les clichés.
3. Quel est l'objectif de ce manuel ? Pourquoi est-ce difficile ?
4. Que faut-il faire quand vous lisez ce livre sur la culture française ?

Les mots-clés

Comment dit-on ~ en français ?

1 相対的な　2 ステレオタイプ　3 一般化
4 ニュアンスをつける　5 単純化するもの

nuancer **simplificateur** *une généralisation* un cliché ***relatif***

L'expression

ça dépend (de ~)
～による

人々はよく日本人はとても真面目だという印象を持っている（avoir l'impression que...）、しかし私は、それは実際には（en réalité）人や状況（situation）によると思う（imaginer）。

Les gens ....

....

....

LA GRAMMAIRE

主語 ils, nous, on の直説法現在（復習）
les conjugaisons oubliées

1 主語 ils, elles

語尾：**-ent**　例外：ils sont (être) / ils ont (avoir)
ils font (faire) / ils vont (aller)

注意：母音または無音の h で始まる動詞の場合、リエゾンが起こる。（主語は代名詞）
ex il arrive [ilaʀiv] ≠ ils arrivent [ilzaʀiv]

2 主語 nous

語尾：**-ons**　例外：nous sommes (être)

3 主語 on

il, elle と同じ活用

注意：on には複数の意味がある：
- 「私たち」（会話的）
- 「人々（一般）」

3 Complétez. 動詞を直説法現在に活用させなさい。

Quand je parle avec des Japonais, ils me ______ (1. poser) souvent des questions sur les Français. Par exemple, ils me ______ (2. demander) si (～かどうか) nous ______ (3. boire) vraiment du vin à tous les repas, ou encore si nous ______ (4. manger) tous des grenouilles et des escargots.

On ______ (5. entendre) beaucoup de clichés sur la France. On ______ (6. dire) par exemple que les Français ______ (7. faire) souvent la grève ou qu'ils ne ______ (8. vouloir) pas parler anglais. Certains clichés ______ (9. être) faux, d'autres ______ (10. être) des généralisations : nous ______ (11. être) tous différents !

La distinction

j'ai l'impression que ~
～のような気がする
～という印象を持つ

≠

j'ai entendu dire que ~
～と聞いた
～だそうだ

.... que les Français ne parlent pas anglais, mais .... que c'est faux, parce que mes amis français parlent bien anglais.

En tout cas, ça dépend des personnes !

Pour nuancer

Je pense que les Français sont râleurs.	**J'ai l'impression** que **certains** Français sont **quelquefois un peu** râleurs.

Et vous ?

1 *Connaissez-vous d'autres clichés sur la France et les Français ?* (☛ *J'ai entendu dire que...*)

2 *Personnellement, quelle image avez-vous de la France ?* (☛ *J'ai l'impression que...*)

3 *Quels clichés connaissez-vous sur le Japon ou les Japonais ?* (☛ *On dit que...*)

4 *Qu'est-ce qui vous a étonné(e) dans cette leçon ?* (☛ *Ce qui m'a étonné(e), c'est que...*)

LES PREMIERS MOTS

1 un territoire :
2 le monde :
3 un pays :
4 une région :
5 une ville :
6 la capitale :
7 un village :
8 la campagne :
9 un paysage :
10 la montagne :
11 la mer :
12 une île :

THÈME **2**

Le territoire français

La France vue de l'espace

La France compte[1] 67 millions d'habitants, soit un peu plus de la moitié de la population japonaise, mais son territoire est plus grand que celui[2] du Japon. Quand on parle du territoire français, on distingue en général deux parties : la métropole et l'outre-mer.

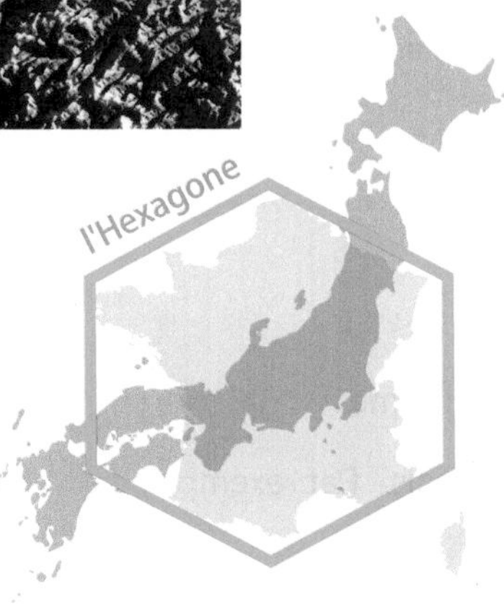

l'Hexagone

La métropole est la partie européenne. Elle a des frontières avec l'Allemagne, la Belgique et le Luxembourg au nord-est, la Suisse à l'est, l'Italie au sud-est et l'Espagne au sud-ouest, mais aussi une frontière maritime avec le Royaume-Uni. On peut donc dire qu'elle se trouve[3] « au carrefour » de l'Europe.

Son territoire fait environ mille kilomètres sur[4] mille. Pour aller de Lille à Marseille, il faut à peu près onze heures en voiture ou cinq heures en TGV.

Administrativement, elle est divisée en[5] régions, elles-mêmes[6] divisées en départements. La capitale, Paris, est la plus grande[7] ville du pays, devant Marseille et Lyon.

La France comprend[8] aussi de nombreux territoires « d'outre-mer » dans le monde et possède de ce fait[9] le deuxième domaine maritime mondial. Pour prendre quelques exemples, la Polynésie française et la Nouvelle-Calédonie se trouvent dans l'océan Pacifique, la Guadeloupe, la Martinique et la Guyane dans l'océan Atlantique, et la Réunion dans l'océan Indien.

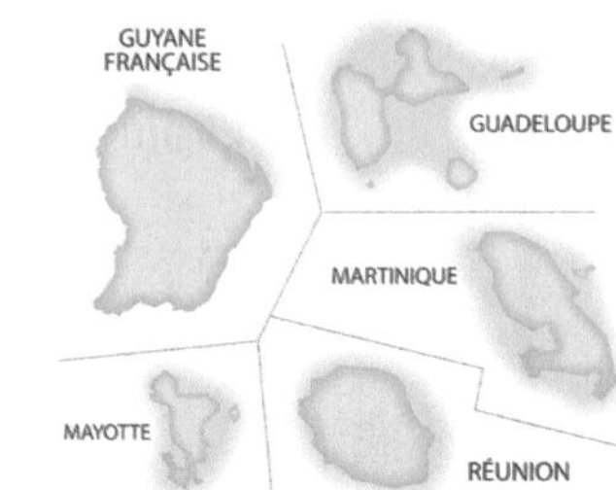

Le Cher vu du ciel

Métropole et outre-mer offrent une grande variété de paysages.

Il y a la campagne, c'est-à-dire de grands espaces agricoles, des forêts, des lacs, des fleuves et des rivières avec, ici et là[10], de petits villages pittoresques. Il y a aussi la haute montagne, notamment les Alpes ou les Pyrénées. Il y a enfin 3500 kilomètres de bord de mer en métropole et les îles exotiques et paradisiaques d'outre-mer. La diversité et la beauté de ces paysages, ajoutées au[11] charme historique des villes, expliquent en partie[12] pourquoi la France est le pays le plus visité[13] du monde.

1 *compter ~ :* (ある数量の)～を持っている **2** *celui :* 指示代名詞 (→ p.65) **3** *se trouver ~ :* ～にいる, ある **4** *faire ~ kilomètres sur ~ :* (長さが)～キロメートル×～キロメートルある(縦と横) **5** *être divisé(e) en ~ :* ～に分割される **6** *lui-même / elle-même :* それ自身 **7** *la plus grande :* 形容詞 grand の優等最上級 **8** *comprendre ~ :* ～を含む **9** *de ce fait :* その結果 **10** *ici et là :* あちこちに **11** *ajouté(e) à ~ :* ～に付け加えられる **12** *en partie :* 部分的に **13** *le plus visité :* 過去分詞 visité (形容詞として使われている) の優等最上級

Exercices

Les mots-clés

Comment dit-on ~ en français ?

1 フランス海外領土 **2** 六角形(=フランス)
3 ヨーロッパの十字路 **4** フランス本国
5 国境

une frontière l'outre-mer
la métropole l'Hexagone
le carrefour de l'Europe

L'expression

se trouver ~
~にいる・ある

タヒチは仏領ポリネシアに(en)ある。
仏領ポリネシアは太平洋に(dans)ある。

Tahiti ....

....

....

LA COMPRÉHENSION

DAPF

1 Retrouvez le verbe et reliez. 本文を読み、選択肢から適切な動詞を選びなさい。また対応するものを線で結びなさい。

compte / possède / fait / sont divisées en / comprend

1. La France (ある数量の)~を持っている ■ ■ soixante-sept millions d'habitants.
2. La France ~を含む ■ ■ le deuxième domaine maritime.
3. La France ~を持っている ■ ■ mille kilomètres sur mille.
4. Les régions ~に分割される ■ ■ des territoires d'outre-mer.
5. Le territoire (長さが)~ある ■ ■ en départements.

2 Répondez. 本文の一部を使いながら、質問に答えなさい。

1. Citez deux différences entre la France et le Japon.
2. Quels sont les pays voisins de la France métropolitaine ?
3. Quels territoires français d'outre-mer sont cités dans le texte ?
4. Quels types de paysages peut-on voir en France ?

LA GRAMMAIRE

場所の前置詞「~へ・~で」+都市名・国名・大陸名・地方名

à, en, dans + noms de lieu

1 都市

à +〈無冠詞〉名詞 ex à Paris

2 国・大陸

1. 男性単数名詞・複数名詞の国名・大陸名:
   à +〈定冠詞〉名詞 ex au Laos, aux États-Unis
2. 女性単数名詞・母音始まりの国名・大陸名:
   en +〈無冠詞〉名詞 ex en Chine, en Iran

3 地方

1. 男性名詞・複数名詞の地方名:
   dans +〈定冠詞〉名詞 ex dans le Grand Est
2. 女性名詞の地方名:
   en +〈無冠詞〉名詞 ex en Occitanie

3 Complétez. 適切な語句を入れなさい。

1. Tu habites ______ Japon ?
   - Non, j'habite ______ France.
2. Le Mont Saint-Michel est ______ Bretagne (地方, 女名) ?
   - Non, il se trouve ______ Normandie (地方, 女名).
3. Pendant les vacances, tu vas rester ______ Europe ?
   - Non, je vais aller ______ Asie, ______ Philippines (女名・複数).
4. Tu achètes du vin quand tu vas ______ Bordeaux (都市) ?
   - Oui, et aussi quand je vais ______ Bourgogne (地方, 女名).
5. Tu es encore ______ Guyane (地方, 女名) ?
   - Non, je suis rentrée ______ Hauts-de-France (地方, 男名・複数).

La distinction

au nord de ~ ≠ **dans le nord de ~**
~の北(方向)に(外部) ~の北部に(内部)

→ page 10

Nancy se trouve .... nord-est de la France,
plus précisément .... ouest de Strasbourg.
Moi, j'habite à Metz, ... nord de Nancy
et .... sud du Luxembourg.

Et vous ?

1. *Quels types de paysages préférez-vous ?*
   (☛ J'aime beaucoup...)
2. *Quel territoire français d'outre-mer aimeriez-vous visiter ? (→ p.67)*
3. *Quels types de paysages y a-t-il au Japon ?*
4. *Qu'est-ce qui vous a étonné(e) dans cette leçon ?*
   (☛ Ce qui m'a étonné(e), c'est que...)

Documents

Le saviez-vous ?

フランスには、全長300キロ以上の河川が24あります（ちなみに、イギリスには2つ、イタリアには4つあります）！フランスの歴史において、これらの河川は特に重要な役割を果たしてきました、というのも、河川は鉄道ができる以前の主要な輸送路だったのです。またフランス本土にある96県のうち、68県に河川の名にちなんだ名がつけられています。

Doc 1 La France métropolitaine

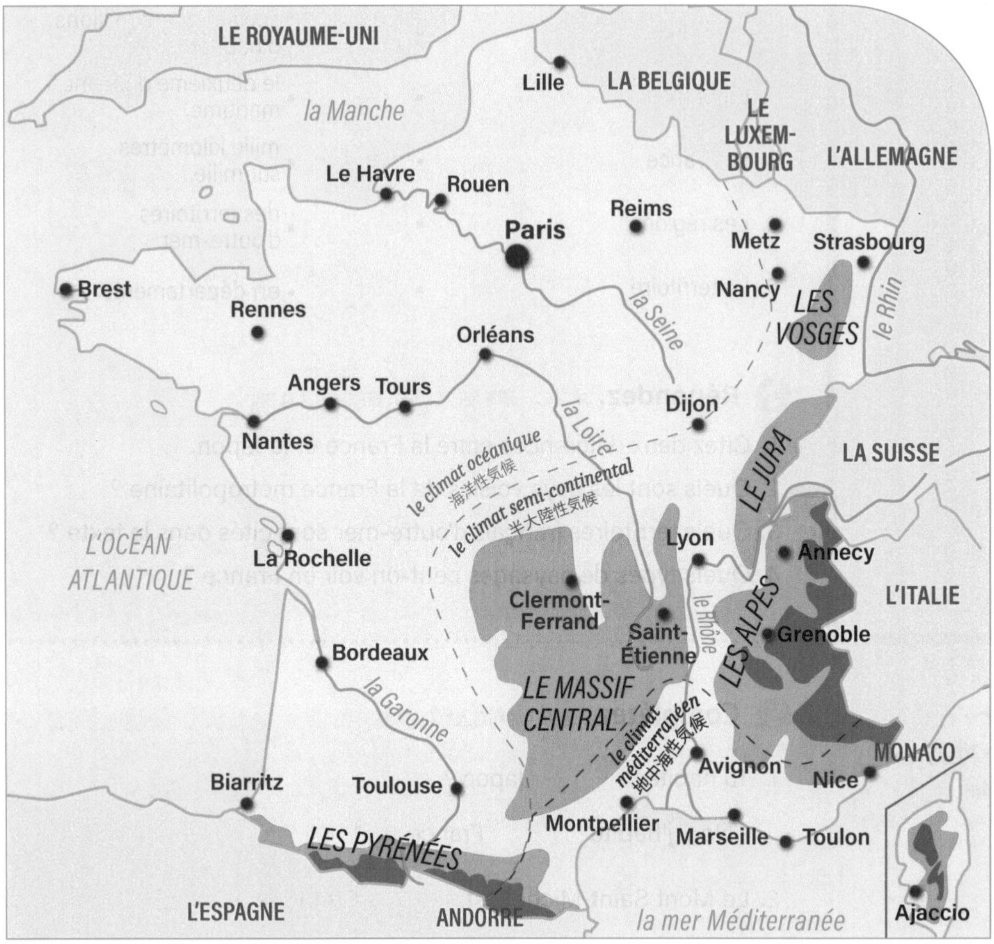

LE ROYAUME-UNI
la Manche
Lille
LA BELGIQUE
LE LUXEMBOURG
L'ALLEMAGNE
Le Havre
Rouen
Reims
Paris
Metz
Strasbourg
Brest
Rennes
Nancy
la Seine
LES VOSGES
le Rhin
Orléans
Angers
Tours
Dijon
Nantes
la Loire
LA SUISSE
le climat océanique 海洋性気候
le climat semi-continental 半大陸性気候
LE JURA
L'OCÉAN ATLANTIQUE
La Rochelle
Lyon
Annecy
Clermont-Ferrand
L'ITALIE
Saint-Étienne
le Rhône
LES ALPES
Grenoble
Bordeaux
LE MASSIF CENTRAL
la Garonne
le climat méditerranéen 地中海性気候
MONACO
Avignon
Biarritz
Toulouse
Nice
Montpellier
Marseille
Toulon
LES PYRÉNÉES
L'ESPAGNE
ANDORRE
la mer Méditerranée
Ajaccio

les villes principales
moins de 500 m
de 500 à 1500 m
plus de 1500 m (le climat montagnard)
100 kilomètres

Photos p. 11 ▶

1. La Brèche de Roland
2. Le Gouffre de Padirac
3. Des bottes de paille
4. Les calanques de Cassis
5. Étretat
6. La dune du Pilat et la forêt des Landes
7. Vergisson (Bourgogne)
8. Le puy Pariou et le puy de Dôme (Auvergne)
9. Valensole (Provence)
10. La Côte d'Azur (Méditerranée)
11. Vue du Mont Blanc, depuis l'Aiguille du Midi
12. Le Pont d'Arc sur l'Ardèche
13. L'île de Bora-Bora

Doc 2 La France d'outre-mer

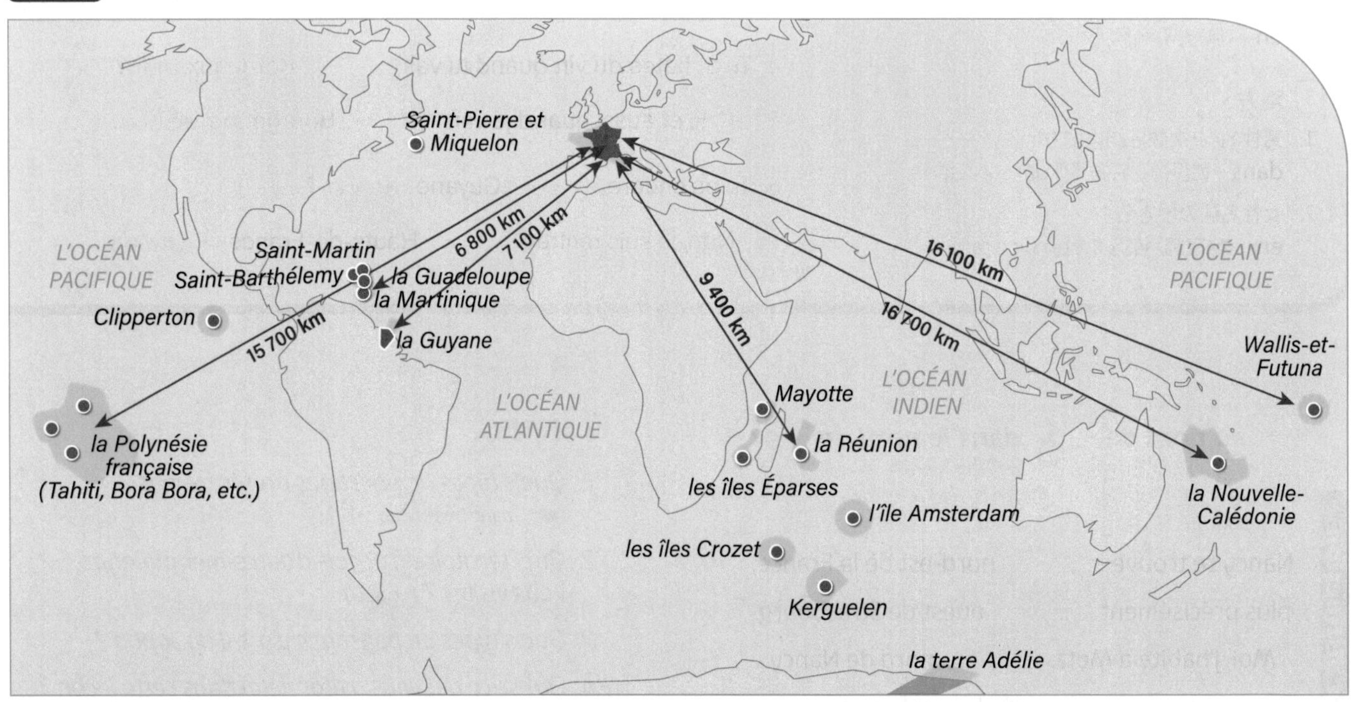

les territoires d'outre-mer

Paysages
de France
1. Les Pyrénées
2. Une grotte
3. La campagne
4. La Méditerranée
5. La Manche
6. Une dune
et une forêt
7. Des vignes
8. Des volcans
9. Un champ de lavande
10. Une plage
11. Les Alpes
12. Une rivière
13. Une île de Polynésie française

Une terrasse à Paris

Un marché à Nice

La rue à Bordeaux

Un couple à Paris

LES PREMIERS MOTS

1 une rue :
2 un magasin :
3 un marché :
4 une terrasse :
5 un bus :
6 un métro :
7 un tram :
8 un comportement :
9 un(e) inconnu(e) :
10 un(e) commerçant(e) :
11 un(e) client(e) :
12 bavarder :

THÈME 3

Dans la rue

C'est généralement dans la rue que[1] les touristes japonais se font une première idée du[2] comportement des Français et qu'ils découvrent les principales différences entre les deux cultures.

Certaines de ces différences s'expliquent par[3] des règles de savoir-vivre dans l'espace public moins contraignantes en France, car la distinction entre les comportements privés et publics y[4] est moins stricte. Par exemple, manger dans la rue n'a rien de[5] choquant. Il n'est pas rare non plus de voir les amoureux se tenir par la main[6] ou même s'embrasser en public.
Dans d'autres cas, ce ne sont pas les règles qui diffèrent, mais plutôt le rapport à[7] ces règles : bien sûr, la plupart des Français les[8] respectent, mais ils donnent parfois la priorité à leur jugement personnel. Ainsi[9], au moment de traverser la rue, certaines personnes pensent qu'il est inutile de respecter le passage piéton ou le feu rouge s'il n'y a aucune voiture.

Ce qui[10] peut aussi déstabiliser les touristes japonais en France, c'est le rapport aux autres dans l'espace public.
D'une part, même si les Français peuvent être timides, les occasions de communiquer sont assez nombreuses, que ce soit[11] au marché, dans les magasins ou dans les cafés. Même quand on ne connaît personne, il est courant de bavarder ou de plaisanter avec les gens. Dans le métro, dans le tram ou dans le bus, on n'évite pas le regard des autres. On aime aussi s'asseoir à la terrasse des cafés pour observer les passants dans la rue, et ça facilite parfois les contacts.
D'autre part, les Français montrent souvent assez clairement leurs sentiments. S'ils restent généralement polis, certains n'hésitent pas à dire ce qu'[12] ils pensent quand quelque chose ne leur[13] plaît pas, par exemple à une personne qui ne fait pas la queue. Il peut aussi arriver[14] d'être « dragué » par[15] un(e) inconnu(e) dans la rue...
Tout cela peut être surprenant, mais ce n'est ni mieux ni moins bien qu'au Japon, c'est juste différent !

Un concierge de rue à Paris

1 *c'est ~ que ~ :* ～なのは～だ **2** *se faire une première idée de ~ :* ～に対する最初の考え・意見を持つ **3** *s'expliquer par ~ :* ～によって説明される **4** *y :* 中性代名詞（→ p.78） **5** *ne ~ rien de* + 形容詞 *:* ～なものは何も～ない **6** *se tenir par la main :* ～手をつなぎあう **7** *le rapport à ~ :* ～との関係性 **8** *les :* 直接目的語人称代名詞（→ p.61） **9** *ainsi :* たとえば **10** *ce qui ~ :* ～であるもの，こと（ce は関係節の主語） **11** *que ce soit ~ ou ~ :* それが～であれ～であれ **12** *ce que ~ :* ～であるもの，こと（ce は関係節の直接目的語） **13** *leur :* 間接目的語人称代名詞（→ p.47） **14** *Il arrive de* + 不定詞 *:* ～することがある **15** *être dragué(e) par ~ :* ～にナンパされる，～に声をかけられる

Exercices

LA COMPRÉHENSION

DAPF

1 Cochez les bonnes réponses. 正しい答えを選びなさい。(複数解答あり)

1. Pourquoi certains Français traversent-ils quand le feu est rouge ?
   - ☐ Ils pensent que rien n'est interdit s'il n'y a aucun policier.
   - ☐ Ils pensent que la règle n'a pas de sens s'il n'y a aucune voiture.
2. Quelles situations sont évoquées ?
   - Un couple... ☐ se dispute. ☐ s'embrasse.
   - Quelqu'un... ☐ jette un papier. ☐ ne fait pas la queue.
   - Un inconnu... ☐ vous drague. ☐ vous demande de l'argent.
3. Quels lieux sont évoqués ?
   - ☐ une administration ☐ un café ☐ des transports publics

2 Répondez. 本文の一部を使いながら、質問に答えなさい。

1. Pourquoi est-il intéressant, pour les touristes japonais, de se promener dans la rue ?
2. Les Français ne respectent-ils jamais les règles ?
3. Est-il possible de parler avec des inconnus dans l'espace public ?
4. Les Français cachent-ils toujours leurs sentiments en public ?

Les mots-clés

Comment dit-on ~ en français ?

1 ナンパする 2 手をつなぐ 3 冗談を言う
4 自分の感情を表す 5 口づけを交わす

draguer / montrer ses sentiments / se tenir par la main / plaisanter / s'embrasser

L'expression

il est courant de 不定詞
～するのはよくあることだ

フランスでは、路上でタバコを吸うのはよくあることだが、レストランでは、（それは）禁止（interdit）されている。

En France, ...

....

....

LA GRAMMAIRE

様々な否定表現
les négations

1. **ne... personne** 誰も～ない
2. **ne... rien** 何も～ない
3. **ne... aucun(e)** ＋名詞 1つ・どんな～も～ない
4. **ne... pas du tout** まったく～ない
5. **ne... jamais** 決して～ない、一度も～ない
6. **ne... pas encore** まだ～ない
7. **ne... plus** もはや～ない
8. **ne... nulle part** どこにも～ない
9. **et ... ne... pas non plus** ～もまた～ない
10. **ne... ni... ni...** ～も～も～ない*

* 形容詞、名詞、不定詞とともに用いる。
注意：名詞に不定冠詞または部分冠詞がついている場合、冠詞は省略される。

3 Répondez avec une négation.
否定表現を使って、質問に答えなさい。注意：各否定表現は1度しか使えない。

1. Tu es <u>un peu</u> timide ?
2. Tu as peur de <u>quelque chose</u> ?
3. Tu parles avec <u>les gens</u> dans les magasins ?
4. Tu respectes <u>toutes</u> les règles de savoir-vivre ?
5. Dans les rues japonaises, il y a des poubelles <u>partout</u> ?
6. Les amoureux se tiennent par la main <u>et</u> s'embrassent en public ?

La distinction

les gens (不特定多数)人々	les autres 他人
une personne (個人・個別的)人	du monde たくさんの人

En général, ... font la queue,
mais quand il y a .... ,
il y a parfois .... qui essaie
de passer devant .... !

Et vous ?

1. *Parlez-vous facilement avec des inconnus ?*
2. *Respectez-vous toujours les feux quand vous traversez ?*
3. *Dites-vous toujours ce que vous pensez ?*
4. *Qu'est-ce qui vous a étonné(e) dans cette leçon ? (☛ Ce qui m'a étonné(e), c'est que...)*

LES PREMIERS MOTS

1 une maison :
2 un appartement :
3 un logement :
4 une pièce :
5 une chambre :
6 le séjour :
7 un mur :
8 une fenêtre :
9 le chauffage :
10 la climatisation :
11 un balcon :
12 un jardin :

Une maison en Provence

THÈME **4**

Chez soi

Un studio à Paris

Lorsqu'ils cherchent un logement, les Français privilégient certains critères pour pouvoir s'y[1] sentir bien.

Il y a d'abord des critères de confort.
La température doit être agréable en toutes saisons. En hiver, le système de « chauffage central » permet de chauffer l'ensemble du logement. Par contre[2], en été, la climatisation reste assez rare, car même s'il fait de plus en plus chaud, l'épaisseur des murs et les volets permettent souvent de garder une température supportable à l'intérieur. Aujourd'hui, la priorité est d'avoir une bonne isolation, voire des fenêtres en double-vitrage, car c'est à la fois[3] plus économique et plus écologique.
D'autre part, le logement doit être très lumineux. Il faut donc de grandes fenêtres ou des baies vitrées pour que les pièces soient[4] éclairées dans la journée par la lumière naturelle. En revanche[5], le soir, on allume souvent de petites lampes ici et là et on privilégie les lumières chaudes, plus apaisantes.

Un immeuble à Strasb

Avoir un logement confortable ne suffit pas : on veut aussi vivre dans un endroit qui[6] a du charme. Même s'ils apprécient la commodité des maisons modernes, beaucoup de Français ont un faible pour[7] « les vieilles pierres », les parquets, les cheminées, bref, pour les endroits qui ont « une âme ». Ils veulent également avoir une belle vue. À défaut de[8] charme, elle doit être au moins[9] sans vis-à-vis, car ils aiment ouvrir les fenêtres en été et veulent préserver leur intimité.
Enfin, les Français aiment avoir un bel extérieur avec beaucoup de verdure (une pelouse ou un jardin), et si c'est un appartement, il faut au moins une terrasse ou un balcon. Comme ils aiment manger dehors en été, ils y[1] installent souvent une table ou un « salon de jardin ».

Une dernière chose : en France, il est courant de rendre visite à ses amis ou de les[10] inviter chez soi pour dîner ou prendre l'apéritif. On a donc aussi besoin d'un grand séjour pour les recevoir[11].

1 *y* : 中性代名詞（→ p.78） **2** *par contre* : それに対して，その代わりに **3** *à la fois ~ et ~* : ～あると同時に～ **4** *soient* : 動詞 être の接続法現在（→ p.84） **5** *en revanche* : それに対して，その代わりに **6** *qui* : 関係代名詞（→ p.51） **7** *avoir un faible pour ~* : ～に目がない **8** *à défaut de ~* : ～がなければ **9** *au moins* : 少なくとも **10** *les* : 直接目的語人称代名詞（→ p.47） **11** *recevoir ~* : （人を）招く，迎える

Un apéritif entre am

Exercices

Les mots-clés

Comment dit-on ~ en français ?
1 古い建造物　2 (人を)招く・迎える　3 環境に配慮した　4 向かいあうもの(人)　5 断熱, 防音

recevoir　l'isolation　un vis-à-vis　écologique　les vieilles pierres

L'expression

rendre visite à ~
(人)を訪問する

フランスでは、友人(宅)を訪問するのが一般的 (courant) だ。普通は、行く前に電話をするかメッセージを送るが、一部 (certains) の友人は予告 (prévenir) せずに来る。

En France, ...

....

....

LA COMPRÉHENSION

1 Reliez les mots du texte. 関連するものを線で結びなさい。(複数解答可)

c'est important pour

1. avoir une belle vue •	• l'écologie
2. avoir la climatisation •	• le charme
3. avoir un grand séjour •	• la lumière
4. ne pas avoir de vis-à-vis •	• la fraîcheur
5. avoir une bonne isolation •	• la chaleur
6. avoir le chauffage central •	• l'intimité
7. avoir de grandes fenêtres •	• la vie sociale

2 Répondez. 本文の一部を使いながら、質問に答えなさい。

1. Quels sont les deux critères de confort cités dans le texte ?
2. Quels éléments permettent de garder une température agréable dans le logement ?
3. Citez trois aspects qui donnent du charme à un logement.
4. Est-il habituel d'aller chez les gens ?

LA GRAMMAIRE

形容詞の位置
la place de l'adjectif

1 原則と例外

名詞の後ろに置く。ただし名詞の前に置かれるものもある(一般に音が短く、よく使われる形容詞)。

ex beau, joli, bon, grand, petit, jeune, vieux, même, autre, nouveau, premier, deuxième, troisième, dernier

2 形容詞の男性第2形

名詞の前に置かれる次の形容詞には男性第2形がある(母音・無音のhで始まる男性単数名詞に用いる)。

beau/**bel**/belle
vieux/**vieil**/vieille
nouveau/**nouvel**/nouvelle

注意： 名詞の前に形容詞が置かれる場合、不定冠詞 des は **de** になる。　ex de petites lampes

3 Ajoutez l'adjectif. ( ) 内の形容詞を加え、全文書き直しなさい。注意：形容詞の位置と性・数一致

1. Je vais déménager dans un quartier (calme) près du centre.
2. Je loue un appartement (beau) dans un immeuble (nouveau).
3. Ma maison a des fenêtres (grand) avec des volets (bleu).
4. Il cherche un appartement (autre) de la taille (même).
5. J'habite au étage (dixième), alors j'ai une vue (magnifique) sur le lac.
6. Ma maison a une isolation (bon) et un chauffage (efficace).

La distinction

à la maison　　*dans une maison*
自宅で(に)　(ある)一軒家で(に)

Maintenant, j'habite .... ,
alors je n'ai pas de problème de bruit.
Je ne veux pas habiter dans un appartement
parce que je n'aime pas entendre les voisins
quand je suis ....

Et vous ?

1. *Habitez-vous dans une maison, dans un appartement, dans un studio ou dans un foyer* (学生寮) *?*
2. *Est-il/elle agréable ? Pourquoi ?*
3. *À part l'endroit et le prix, quels critères privilégiez-vous pour choisir un logement ?* 例: *la vue, le charme, la lumière, la taille, la propreté, le voisinage, le calme, l'isolation thermique*
4. *Qu'est-ce qui vous a étonné(e) dans cette leçon ?*
   (☛ Ce qui m'a étonné(e), c'est que...)

Documents

Le saviez-vous ?

日本とフランスでは、階数の数え方が異なります。フランス語では、日本の1階は « le rez-de-chaussée »（「地面の階」）と言います。そして日本の2階がフランス語では「1階」となるのです。複雑ですか？ « étage » という語が一般に「高いところにあるもの」を意味することを理解しておけば簡単です！

Un ascenseur en France

Doc 1 Les Français et le logement : quelques chiffres

79% *sont satisfaits de leur logement* (2020)

34% vivent dans un appartement

66% dans une maison (2021)

58% sont propriétaires

40% sont locataires (2019)

les logements font en moyenne **93 m²** (2020)

28,80 € le **loyer** moyen au m² d'un appartement à Paris (2022)

Sources : INSEE, Statista, ministère de la Transition écologique

Doc 2 Le logement, un enjeu écologique

POUR VOUS, EST-IL FACILE DE FAIRE CES EFFORTS À LA MAISON ?	OUI
Éteindre rapidement les lumières	94 %
Fermer rapidement le robinet	94 %
Trier ses déchets	92 %
Baisser le chauffage	79 %
Isoler les fenêtres et les portes	63 %
Utiliser les outils de domotique (ホームオートメーション)	28 %

D'après enquête Harris Interactive, Observatoire Cetelem, 2017

Doc 3 Quels sont les principaux critères des Français qui achètent un logement ? (複数回答可)

beaucoup de lumière	66%
un jardin	56%
un garage ou un parking	55%
un balcon ou une terrasse	42%
la performance énergétique*	42%
une baignoire	23%

* 建物の省エネルギー性能

D'après enquête Century 21, 2016

Doc 4 Une petite annonce immobilière

À louer

bel appartement

quartier : Vieux Lyon **1800 €**

App. de 120 **m²**, 4e ét. avec ascenseur, immeuble ancien, lumineux et calme, gd séjour, cuis. équip., 3 ch., sdb avec baignoire, magnifique vue sur Lyon. Idéal famille.

m² = mètre carré

Doc 5 Le chauffage central : comment ça marche ?

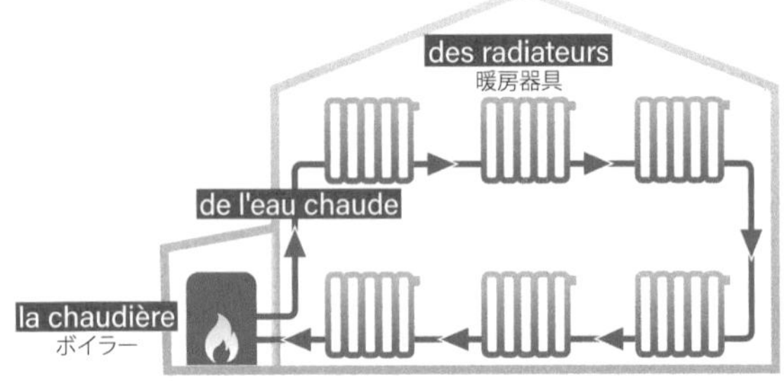

Doc 6 Le plan d'une petite maison moderne (couple sans enfant)

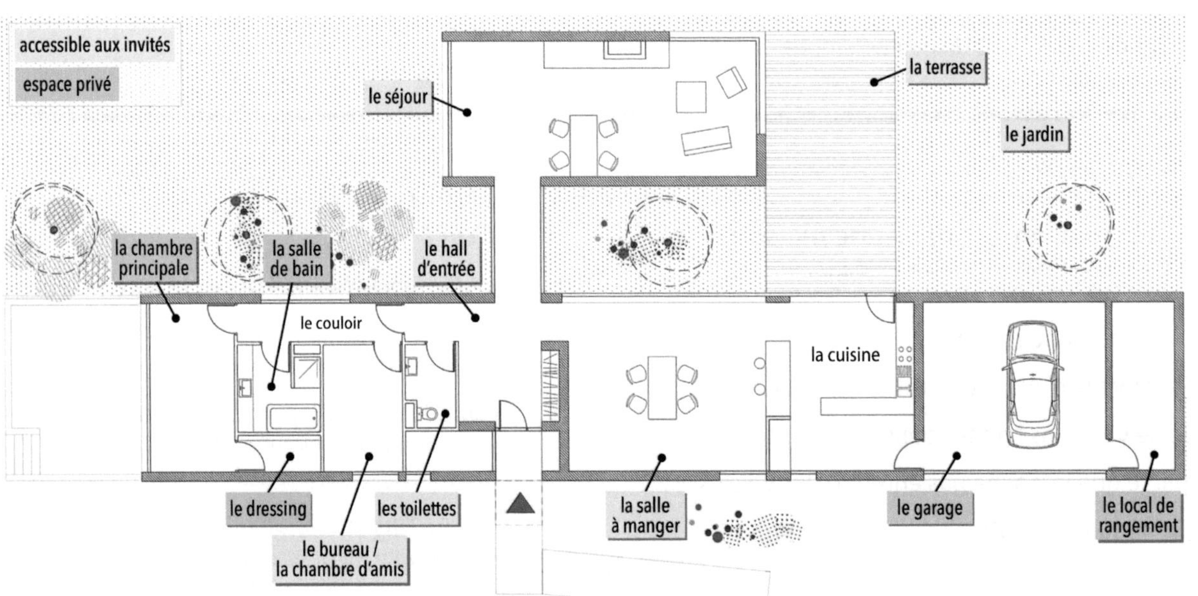

LES PREMIERS MOTS

1 un couple :
2 marié(e) / célibataire :
3 se marier / divorcer :
4 les parents :
5 la mère / le père :
6 un enfant :
7 une sœur / un frère :
8 une naissance :
9 l'amour :
10 amoureux(se) de :
11 hétérosexuel(le) :
12 homosexuel(le) :

THÈME **5**

La famille

Si un Français vous dit qu'il n'est pas marié, cela ne signifie pas forcément qu'il est célibataire, car il existe beaucoup de manières différentes d'être en couple : il est peut-être « pacsé[1] » avec son ou sa partenaire, ou bien ils vivent simplement « en concubinage[2] ». Il est en effet très courant de vivre ensemble de manière non officielle, par exemple avant de se marier ou de se pacser, « pour voir si on est faits l'un pour l'autre[3] ».

Les familles aussi sont très diverses. D'une part, les divorces et les remariages ont produit de nombreuses familles monoparentales[4] et familles recomposées[5]. Beaucoup d'enfants vivent donc en alternance[6] chez leur père et leur mère, et ils ont parfois un « beau-père » ou une « belle-mère », des « demi-frères » et des « demi-sœurs ». D'autre part, les couples de même sexe ont comme les couples hétérosexuels le droit de se pacser (depuis 1999) ou de se marier (depuis la loi sur « le mariage pour tous » en 2013).

Malgré toutes ces évolutions de la structure familiale traditionnelle, il y a en France beaucoup de naissances. D'ailleurs[7], un enfant sur deux naît aujourd'hui de parents non mariés. Plusieurs raisons expliquent cette forte natalité. D'abord, l'État aide les familles, grâce par exemple aux allocations familiales[8] et à un système de crèches très développé. Ensuite, à l'intérieur du couple, les pères participent plus qu'autrefois à l'éducation des enfants et aux tâches ménagères[9]. Les mères ne sont donc pas obligées de choisir entre leur carrière et leur vie de famille.

Même quand ils ont des enfants, les couples français considèrent que l'amour et la vie de couple restent très importants. Ils font dormir les enfants dans une chambre séparée dès les premiers mois, voire dès la naissance. S'ils veulent sortir, ils les font garder par un(e) baby-sitter ou par leurs grands-parents. Ils les confient même parfois à des colonies de vacances en été et vivent deux ou trois semaines « en amoureux » !

1 *pacsé(e)* (動詞 pacser の過去分詞) *:* le Pacs (Pacte Civil de Solidarité : 連帯市民協約) を結んだ **2** *le concubinage :* 内縁関係 **3** *être faits l'un pour l'autre :* (主語)は(互いに)運命の相手である(←(主語)は互いに相手のために作られた) **4** *une famille monoparentale :* ひとり親家族 **5** *une famille recomposée :* 再構成家族 **6** *en alternance :* 交互に **7** *d'ailleurs :* そのうえ **8** *les allocations familiales :* 家族手当 **9** *une tâche ménagère :* 家事

Le débat sur le mariage et l'adoption pour tous (2013)

Exercices

Les mots-clés

Comment dit-on ~ en français ?

1 内縁関係　2 連帯市民協約　3 再構成家族
4 みんなのための結婚(法律)　5 ひとり親家族

une famille recomposée / le mariage pour tous / le Pacs / le concubinage / une famille monoparentale

L'expression

avoir le droit de 不定詞
～する権利がある

同性カップルは2013年から結婚する権利を有している。彼らには養子を迎える(adopter)権利もある。

Les couples ....

....

....

LA COMPRÉHENSION

DAPF

1 Vrai ou faux ? 正誤問題。答えに関係する文を本文から抜き出しなさい。

En France, ...

1. il est habituel de vivre ensemble sans être mariés.
   ☐ VRAI　☐ FAUX
2. les couples homosexuels ne sont pas reconnus officiellement.
   ☐ VRAI　☐ FAUX
3. si deux garçons ont le même père mais une mère différente, on dit qu'ils sont « beaux-frères ».
   ☐ VRAI　☐ FAUX
4. les parents passent toujours leurs vacances avec leurs enfants.
   ☐ VRAI　☐ FAUX

2 Répondez. 本文の一部を使いながら、質問に答えなさい。

1. Quels sont les différents systèmes de vie commune ?
2. Pourquoi dit-on qu'il existe différents types de familles ?
3. Pourquoi y a-t-il beaucoup de naissances ?
4. La vie de couple s'arrête-t-elle à la naissance des enfants ?

LA GRAMMAIRE

使役動詞 faire + 不定詞 「~させる」
faire + infinitif

1 不定詞が目的語を持たない

faire + 不定詞 + 不定詞の動作主
(動作主 = faire の直接目的語)

ex Ils font manger **les enfants**.

2 不定詞が目的語を持つ

faire + 不定詞 + 目的語 + à / par 不定詞の動作主
(動作主 = faire の間接目的語)

ex Il fait manger du riz **aux enfants**.

注意1: faire と不定詞の間に動作主を入れない。

ex Il fait ~~les enfants~~ manger.

注意2: 人に強いるのではなく、依頼する場合は « demander à 人 de + 不定詞 » を使う。

ex Il demande **à** ses parents **de** garder son fils.

3 Transformez. 例にならい、使役動詞 faire を用いた文を作りなさい。

ex. Les enfants mangent. → *La mère* fait manger les enfants.

1. Une baby-sitter vient.
   Les parents
2. Léa fait ses devoirs.
   Le père
3. Les enfants chantent des chansons.
   Les grands-parents
4. Sa grand-mère achète un jouet.
   Cette petite fille
5. Son fils rit.
   Ce papa
6. Sa fille range sa chambre.
   Cette maman

La distinction

(婚姻関係にある場合)
être marié(e)
le mari / la femme
divorcer

≠

(婚姻に関係なくパートナーの場合)
être en couple
le / la partenaire
se séparer

Ma grande sœur est .... ,
mais elle n'est pas .... Elle dit que
comme ça, c'est plus facile de ....
s'il y a trop de problèmes avec son .... !

Et vous ?

各制度の違いについては p.19 を参照

1. *Préférez-vous vivre seul(e) ou vivre en couple ?*
2. *Imaginez que vous avez le choix entre le mariage, le Pacs et le concubinage : que préférez-vous ?*
3. *Aimeriez-vous avoir beaucoup d'enfants ? Des garçons ou des filles ?*
4. *Qu'est-ce qui vous a étonné(e) dans cette leçon ?*
   (☛ Ce qui m'a étonné(e), c'est que…)

Documents

Le saviez-vous ?

Pacsは同性カップルの公認と彼らの権利の保護を目的として1999年に制定されました。しかし同性カップルは不満でした。彼らが求めていたのはなによりもまず平等だったからです。彼らは婚姻の権利を獲得するために闘い続けました。その結果、現在フランスでは、同性カップルの婚姻が認められ、社会的同意を得ています（「みんなのための結婚」）。その一方で、Pacsを選ぶ異性カップルが急増したのは皮肉な話です。

Doc 1 Quelques différences entre le mariage, le Pacs et le concubinage

	dans le cas du **mariage**	dans le cas du **Pacs**	dans le cas du **concubinage**
l'officialisation 公的な承認	On se marie à la mairie.	On signe un contrat à la mairie.	Il n'y a rien à faire.
les impôts 納税	On les paye ensemble.	On les paye ensemble.	On les paye séparément (c'est donc plus cher).
l'héritage 遺産相続	On hérite de son partenaire.	Sans testament, on n'hérite pas.	Sans testament, on n'hérite pas.
l'adoption 養子縁組	On peut adopter à deux.	On peut adopter séparément.	On peut adopter séparément.
la carte de séjour 滞在許可証	Le partenaire étranger l'obtient automatiquement.	Il ne l'obtient pas automatiquement.	Il ne l'obtient pas automatiquement.
la séparation 別離	Il faut divorcer.	La déclaration d'un seul partenaire suffit.	Il n'y a rien à faire.

Doc 2 Quelques « petits noms » entre amoureux

CHÉRI !
MON CŒUR !
Mon amour !
MON TRÉSOR...
MON LAPIN !
Ma puce.
Mon choux...
MON RAYON DE SOLEIL !!

Doc 3 Le nombre de mariages et de Pacs

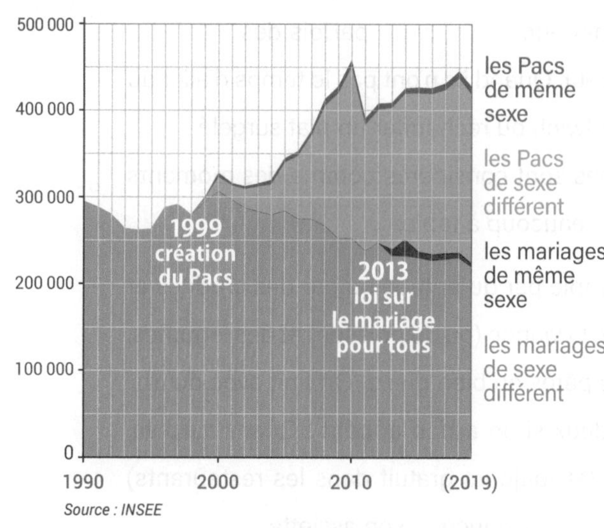

Source : INSEE

Doc 4 Les allocations familiales

	ressources annuelles 年間所得額	allocations* 給付額
2 enfants	~ 71 000 €	140 ~ 264 €
	71 000 ~ 95 000 €	66 ~ 1402 €
	95 000 € ~	33 ~ 77 €
3 enfants	~ 77 000 €	301 ~ 499 €
	77 000 ~ 99 000 €	151 ~ 250 €
	99 000 € ~	75 ~ 126 €
+	~ 82 000 €	180 € ~
	82 000 ~ 105 000 €	90 € ~
	105 000 € ~	45 € ~

* 給付額は子供の年齢による

Source : CAF, chiffres de 2023

Doc 5 Le taux de fécondité (出生率) de la France

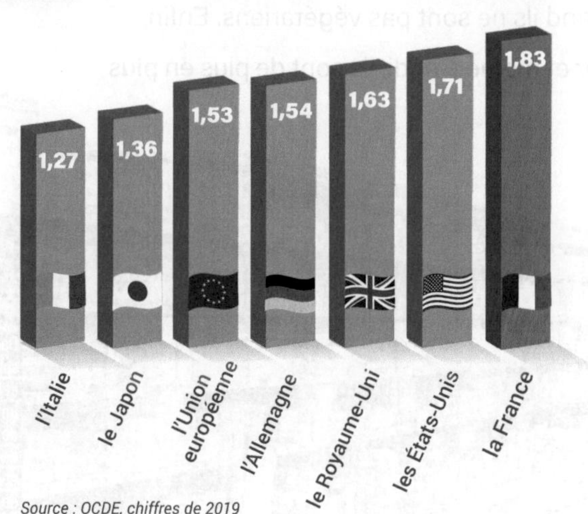

Source : OCDE, chiffres de 2019

Doc 6 Deux exemples de familles recomposées

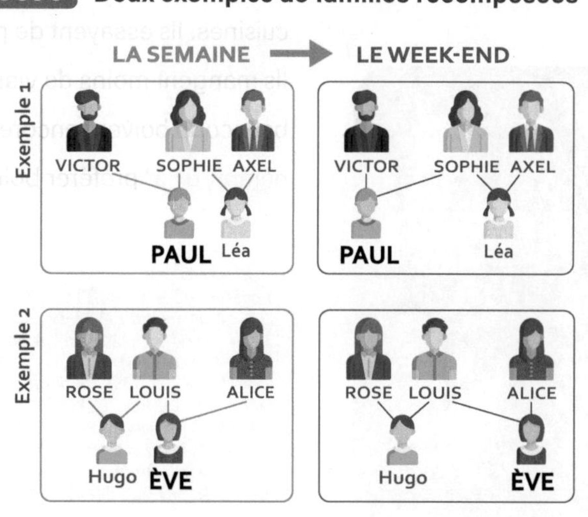

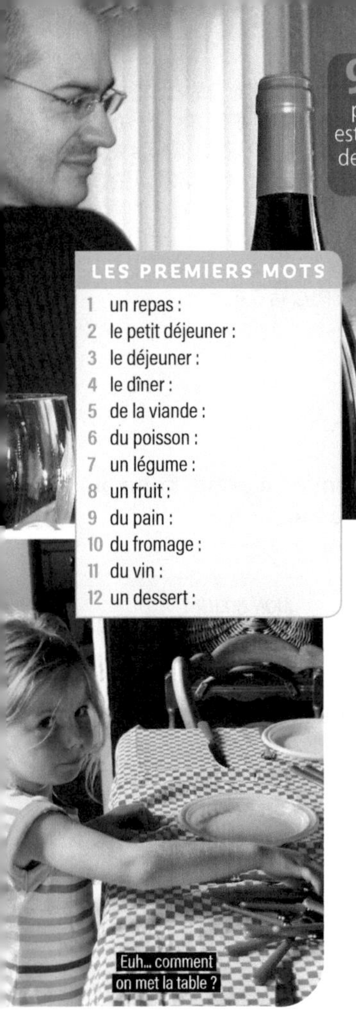

LES PREMIERS MOTS

1 un repas :
2 le petit déjeuner :
3 le déjeuner :
4 le dîner :
5 de la viande :
6 du poisson :
7 un légume :
8 un fruit :
9 du pain :
10 du fromage :
11 du vin :
12 un dessert :

Euh... comment on met la table ?

THÈME 6

À table !

Les Français passent en moyenne 2h13 par jour à[1] table, un record[2] !
La journée commence en général par un petit déjeuner sucré. On boit souvent du café (avec ou sans lait) ou du chocolat chaud. On mange des tartines avec du beurre, de la confiture ou de la pâte chocolatée, plus rarement des croissants ou des viennoiseries. Certains préfèrent toutefois un petit déjeuner plus équilibré : des céréales, des fruits, un yaourt, du jus d'orange...
Pour le déjeuner, la tradition du bento n'existe pas : on mange rarement au bureau et jamais dans une salle de classe. Les écoliers doivent donc rentrer chez eux ou aller à la cantine de l'école. Quant aux salariés, ils déjeunent soit[3] dans la cafétéria de l'entreprise, soit[3] à l'extérieur, en utilisant[4] parfois des « tickets-restaurants[5] » donnés par leur employeur. Quand ils n'ont pas le temps d'aller au restaurant, ils peuvent acheter un sandwich ou réchauffer un plat surgelé.
Le soir, on dîne en famille, car les repas sont considérés comme des moments importants de convivialité et on parle beaucoup à table.

Un repas français commence par exemple par du potage ou par des crudités et de la charcuterie. On mange ensuite de la viande (ou du poisson) et des légumes, servis avec des pommes de terre, des pâtes ou bien du riz. On finit avec du fromage ou un dessert... ou même les deux si on a bon appétit ! Quant au pain, c'est un complément incontournable (et toujours gratuit dans les restaurants) qui accompagne aussi le fromage et sert à[6] « saucer » son assiette.

Les habitudes alimentaires des Français changent peu à peu. Ils goûtent d'autres cuisines. Ils essayent de privilégier les produits bio quand ce n'est pas trop cher. Ils mangent moins de viande, même quand ils ne sont pas végétariens. Enfin, si[7] beaucoup boivent encore du vin au dîner et même à midi, ils sont de plus en plus nombreux à[8] préférer boire de l'eau.

À la boulangerie

1 *passer ~ à ~* : ~(時間)を~(場所)で過ごす　2 *un record* : 最高記録, レコード　3 *soit ~, soit ~* : ~または~　4 *en utilisant* : 動詞 utiliser のジェロンディフ。ここでは手段を表す (→ p.25)　5 *ticket-restaurant* : チケ・レストラン(会社から支給される食事用金券)　6 *servir à ~* : ~するのに役立つ, 使用される　7 *si ~* : ~だが, ~ではあるが(対立・譲歩)　8 *être nombreux(euses) à* + 不定詞 : ~する(主語)は多い

Dans les supermarchés et les hypermar un choix infini de yaourts, de crèmes et de toutes sor de desserts !

Exercices

Les mots-clés

Comment dit-on ~ en français ?
1 バター・ジャムつきパン　2 菜食主義者
3 親睦　4 パンで（皿の）ソースをぬぐう
5 オーガニック製品

la convivialité *une tartine*
saucer　un produit bio
végétarien(ne)

L'expression

ça sert à 不定詞
〜するのに役立つ・使用される

冷蔵庫は食べ物 (la nourriture) を保存する (conserver) のに使われる。電子レンジは食べ物を温める (réchauffer) のに使われる。

Un frigo, ...
.... *Un micro-ondes,* ......
....

LA COMPRÉHENSION

DAPF

1 Vrai ou faux ? 正誤問題。答えに関係する文を本文から抜き出しなさい。

1. Le matin, les Français préfèrent généralement manger salé.
   ☐ VRAI　☐ FAUX
2. Parents et enfants prennent rarement leur dîner ensemble.
   ☐ VRAI　☐ FAUX
3. Il est habituel de manger du riz avec des pommes de terre.
   ☐ VRAI　☐ FAUX
4. Les Français boivent moins de vin qu'avant pendant les repas.
   ☐ VRAI　☐ FAUX

2 Répondez. 本文の一部を使いながら、質問に答えなさい。

1. En général, que prennent les Français au petit déjeuner ?
2. Quand ils ne sont pas chez eux, où les Français prennent-ils leur déjeuner ?
3. Comment se passe un repas traditionnel ?
4. Qu'est-ce qui change dans l'alimentation des Français ?

LA GRAMMAIRE

冠詞の使い分け 1
聞き手にとって未知・不特定のものを表す冠詞
les articles (1)

1 不定冠詞 un, une, des
数えられる名詞につける。
ex Je mange **des** nouilles et **un** œuf dur.

2 部分冠詞 du (de l'), de la (de l')
1. 数えられない名詞につける。
   ex Je mange **du** riz et je bois **de l'**eau.
2. 全体の一部を表す。
   ex Je mange toujours **du** chankonabe.

注意1: カフェで注文する場合、一般に部分冠詞は使わない。
ex Je voudrais **un** café, s'il vous plaît.

注意2: 好みを表す動詞（ex. aimer）では、直接目的語名詞に定冠詞をつける。（定冠詞の用法 → p.29）
ex J'aime bien **le** riz.

3 Ajoutez l'article. 適切な冠詞を入れなさい。

1. Le matin, je mange toujours　　　pain (男名) avec　　　miel (男名),　　　fruit (男名) et　　　yaourt (男名).
2. Aki mange　　　bœuf (男名) avec　　　riz (男名) et　　　soupe de miso (女名) et elle boit　　　thé (男名).
3. Comme garniture (付け合わせ), il y a　　　pâtes (女名) ou　　　pommes de terre (女名).
4. Au dîner, normalement, je bois　　　eau (女名), mais je bois quelquefois　　　vin (男名) ou　　　bière (女名).
5. Je mange　　　poisson (男名) et　　　légumes (男名) parce que c'est bon pour la santé, mais en réalité, je n'aime ni　　　poisson ni　　　légumes.

La distinction

manger ≠ **prendre**
（具体的な食べ物）を食べる　（食事）をとる

Les Français .... trois repas par jour,
mais certains ne .... rien le matin.
Les enfants .... aussi un goûter après l'école.
En général, ils .... du pain ou un gâteau.

Et vous ?

1. *En général, que mangez-vous au petit déjeuner ?*
2. *Avez-vous toujours bon appétit ?*
3. *Les habitudes alimentaires changent-elles au Japon ?*
4. *Qu'est-ce qui vous a étonné(e) dans cette leçon ?* (☛ *Ce qui m'a étonné(e), c'est que...*)

Documents

Le saviez-vous ?

皆さんご存知のように、フランス料理は日本で大変人気があります。一方フランスでは、2000年代から日本料理が人気となり、現在では、大都市を中心に多くの日本料理店があります（中には、中国人などが経営している店もあります）。また最近では、ラーメンや味噌汁といった日本の食品がスーパーで手に入るようになりました。日本式の弁当を日常生活に取り入れるフランス人もいます。

Doc 1 Combien de temps les Français passent-ils à table ? 食事に費やす時間（1日あたり）

la France	133 minutes
l'Italie	127 minutes
la Corée du Sud	117 minutes
la Chine	100 minutes
l'Allemagne	95 minutes
le Japon	93 minutes
le Royaume-Uni	79 minutes
les États-Unis	62 minutes

Source : OCDE, 2021 (2008~2019年の各国の調査を基にしている)

Doc 2 Que mangent les Français au petit déjeuner ?

du chocolat chaud
un œuf à la coque
du jus d'orange
de la baguette
de la confiture
du café au lait
des céréales
un croissant
une pomme
une tartine
du beurre
un yaourt
du miel

Doc 3 Où déjeunent les travailleurs français ?

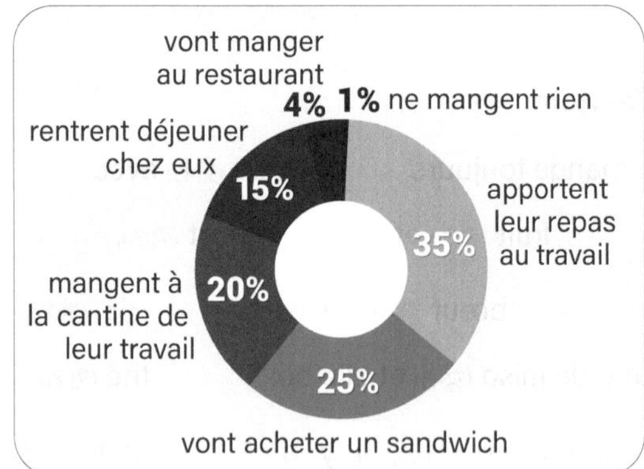

D'après enquête QAPA, 2015

Doc 4 Que boivent les Français en une semaine ?

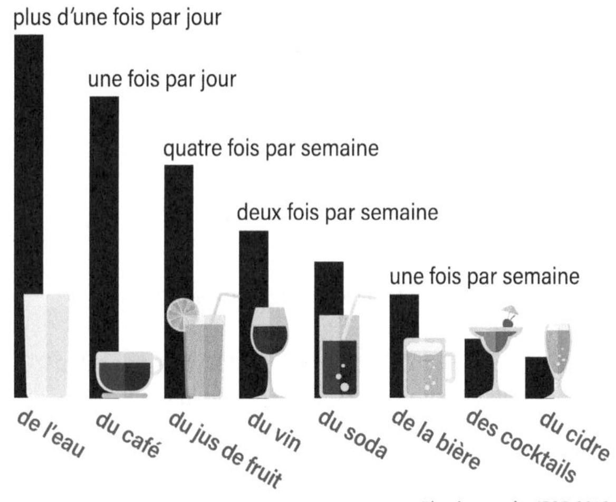

D'après enquête IFOP, 2016

Doc 5 Les produits bio sont partout !

フランスでは、長らく集約農業（l'agriculture intensive）が行われてきました。しかし40年ほど前から、多くのフランス人が自然農法への回帰の必要性を認識するようになりました。現在では、大手のスーパーマーケットでも、有機食品コーナーが見受けられます。

Doc 6 À quoi les Français font-ils attention quand ils achètent des produits alimentaires ? （複数回答可）

Avoir une alimentation variée	63%
Consommer des produits sains et équilibrés (moins sucrés et moins gras)	63%
Consommer des produits locaux et de saison	57%
Choisir des produits qui ont peu d'emballage	42%
Consommer des produits bio	41%

D'après enquête IPSOS, 2021

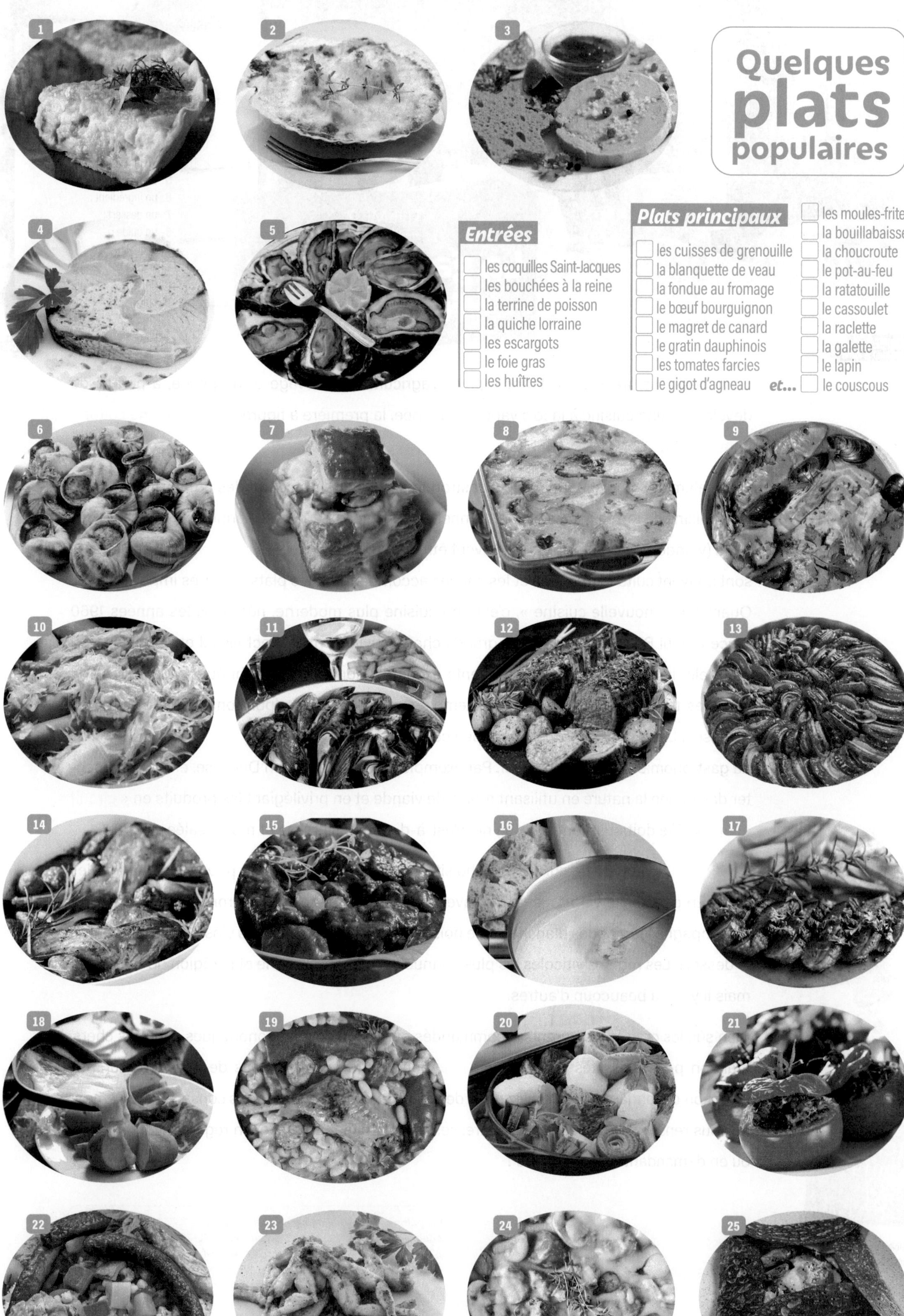

Quelques plats populaires

Entrées

- ☐ les coquilles Saint-Jacques
- ☐ les bouchées à la reine
- ☐ la terrine de poisson
- ☐ la quiche lorraine
- ☐ les escargots
- ☐ le foie gras
- ☐ les huîtres

Plats principaux

- ☐ les cuisses de grenouille
- ☐ la blanquette de veau
- ☐ la fondue au fromage
- ☐ le bœuf bourguignon
- ☐ le magret de canard
- ☐ le gratin dauphinois
- ☐ les tomates farcies
- ☐ le gigot d'agneau
- ☐ les moules-frites
- ☐ la bouillabaisse
- ☐ la choucroute
- ☐ le pot-au-feu
- ☐ la ratatouille
- ☐ le cassoulet
- ☐ la raclette
- ☐ la galette
- ☐ le lapin
- et... ☐ le couscous

Le restaurant « le train bleu », Paris

Des macaro

THÈME 7

La gastronomie française

LES PREMIERS MOTS

1 un restaurant :
2 un chef :
3 une cuisine :
4 un plat :
5 un produit :
6 un ingrédient :
7 un dessert :
8 un guide :
9 la qualité :
10 le goût :
11 un vin :
12 cuire :

La richesse naturelle de la France, pays d'agriculture, d'élevage et de pêche, a permis de développer une cuisine à la fois variée et raffinée, la première à figurer au patrimoine culturel immatériel de l'UNESCO[1].

Généralement, on distingue dans la gastronomie française deux grandes tendances.
La « cuisine du terroir », cuisine traditionnelle des régions, s'intéresse principalement aux produits (viandes, légumes, etc.), qui doivent être naturels et de très bonne qualité[2]. Les aliments sont souvent cuits longtemps, et les sauces accompagnant les plats sont très importantes.
Quant à la « nouvelle cuisine », c'est une cuisine plus moderne, née dans les années 1960 grâce à Paul Bocuse et à d'autres grands chefs. Privilégiant l'aspect visuel et l'originalité du goût, elle intègre parfois des ingrédients exotiques comme le wasabi ou le yuzu. Elle varie aussi les textures, transformant par exemple certains aliments (poissons, légumes, etc.) en mousses. Les aliments sont souvent peu cuits, et cuits séparément.
La gastronomie continue à évoluer. Par exemple, pour le chef Alain Ducasse, elle doit respecter davantage la nature en utilisant moins de viande et en privilégiant les produits en « circuit court[3] ». Elle doit aussi être plus saine, c'est-à-dire moins grasse et moins salée.

Un chef emblématique : Paul Bocuse

Les étoiles du guide Michelin : une récompense très attendue

Quel que soit[4] le type de cuisine, on choisit le vin très soigneusement pour accompagner les plats. En général, le vin rouge se boit avec les viandes rouges ou les fromages ; le vin blanc accompagne les viandes blanches et le poisson. On boit aussi certains vins blancs en prenant le dessert. Les régions viticoles les plus connues sont la Bourgogne et la région de Bordeaux, mais il y en[5] a beaucoup d'autres.

Bien sûr, les grands restaurants recommandés par les guides gastronomiques sont très chers, mais on peut aussi très bien manger pour[6] un prix raisonnable dans de petits restaurants. Attention cependant : si vous allez dans des lieux touristiques, nous vous conseillons fortement de vous renseigner sur les bonnes adresses en consultant un guide, en regardant sur Internet ou en demandant à des Français !

1 *le patrimoine culturel immatériel de l'UNESCO :* ユネスコの無形文化遺産 **2** *de bonne qualité :* 高品質の **3** *circuit court :* 短い流通経路（生産者からの直接買付，または1つの流通業者を介した流通） **4** *quel(le) que soit ~ :* ～がどんなものであろうと **5** *en :* 中性代名詞（→ p.61） **6** *pour ~ :* ～（の値段）で

Exercices

Les mots-clés

Comment dit-on ~ en français ?
1 美食　2 (格付けの) 星　3 新スタイル料理
4 郷土料理　5 ソース

la cuisine du terroir
une étoile　*une sauce*
la gastronomie
la nouvelle cuisine

conseiller (à ~) 名詞 / de 不定詞
(～に) ～を勧める / (～に) ～することを勧める

L'expression

美味しくて安い (pas cher) レストランを見つけるには、フランス人に尋ねることと観光地を避ける (éviter) ことをお勧めします。

Pour trouver ....
....
....

LA COMPRÉHENSION

DAPF

1 Vrai ou faux ? 正誤問題。答えに関係する文を本文から抜き出しなさい。

1. Il y a principalement deux types de cuisine française.
 ☐ VRAI　☐ FAUX
2. Dans la cuisine traditionnelle, on ne cuit pas beaucoup les aliments.
 ☐ VRAI　☐ FAUX
3. Il existe seulement deux sortes de vins français : le bourgogne et le bordeaux.
 ☐ VRAI　☐ FAUX
4. Tous les bons restaurants sont chers en France.
 ☐ VRAI　☐ FAUX

2 Répondez. 本文の一部を使いながら、質問に答えなさい。

1. Pourquoi la cuisine française est-elle très variée ?
2. Quelles sont les caractéristiques de « la cuisine du terroir » ?
3. Quelles sont les particularités de « la nouvelle cuisine » ?
4. En général, comment choisit-on le vin ?

LA GRAMMAIRE

現在分詞
le participe présent

1 作り方　直説法現在 nous の語幹 + **ant**

ex nous buvons → buvant (boire)

例外 : **étant** (être) - **ayant** (avoir) - **sachant** (savoir)

2 用法 (主に書き言葉)

1. 名詞・代名詞を修飾する。(= 関係節 qui ～)
2. 主語にかかり、同時、理由などを表す。
 ex **Privilégiant** l'originalité du goût, ce chef utilise des épices **venant** d'Inde.

ジェロンディフ
le gérondif

3 作り方　en + 現在分詞

4 用法 (話し言葉・書き言葉)

動詞にかかり、同時、手段、原因、条件、対立を表す。

ex Je cuisine **en écoutant** de la musique.

ex J'améliore la sauce **en ajoutant** des herbes.

3 Reformulez en utilisant un participe présent (P) ou un gérondif (G). 現在分詞 (P) またはジェロンディフ (G) を用いて、全文書き直しなさい。

1. Ce restaurant cherche un pâtissier qui a beaucoup d'expérience.
 (P)
2. L'appétit vient quand on mange. (フランスの諺)
 (G)
3. Les Français aiment prendre l'apéritif et bavarder.
 (G)
4. Ce chef a obtenu trois étoiles parce qu'il a beaucoup travaillé.
 (G)
5. Pour apprendre à cuisiner, je regarde des recettes sur Internet.
 (G)
6. Ce serveur reçoit de bons pourboires car il fait des plaisanteries.
 (G)

La distinction

la / de la cuisine ~ (カテゴリー) 料理 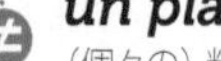 *un plat* (個々の) 料理

- Vous aimez .... japonaise ?
- J'adore ! Je mange souvent .... japonaise.
- Par exemple, vous aimez quels .... ?
- J'aime bien les sushis, bien sûr, et aussi les ramens.
- Les ramens ? C'est .... japonais ?

Et vous ?

1. *Quels critères privilégiez-vous pour choisir un restaurant ?* 例 *le goût, la quantité, l'originalité, l'atmosphère, le service, le prix, le rapport qualité-prix*
2. *Pouvez-vous me conseiller un bon restaurant près d'ici ?*
3. *Avez-vous déjà mangé de la cuisine française ? Quels plats avez-vous mangés ?*
4. *Qu'est-ce qui vous a étonné(e) dans cette leçon ?* (☛ *Ce qui m'a étonné(e), c'est que…*)

Documents

Le saviez-vous ?

日本では、フランス料理は量が少ないとよく言われます…。しかし一皿の量が少ないのはコースの品数が多いからなのです。普通フレンチレストランで食事をすると、お腹いっぱいになります。皮肉なことに、このフランス料理に対する日本のイメージは日本のフレンチレストランによって維持されている場合があります。そうしたレストランの料理はフランス人にとって充分な量ではないのです！

Doc 1 Quelques plats très appréciés des Français

Plat	順位	%
Le magret de canard	1	21%*
Les moules-frites	2	20%
Le couscous	3	19%
La blanquette de veau	4	18%
Le gigot d'agneau	4	18%
Le steak-frites	4	18%
Le bœuf bourguignon	8	16%
La raclette	8	16%
Les tomates farcies	8	16%
Le pavé de saumon grillé	11	15%
Le pot-au-feu	11	15%
Le gratin dauphinois	13	14%
Les lasagnes	17	13%
La pizza	17	13%
Le lapin à la moutarde	20	12%
La ratatouille	20	12%
La paëlla	22	11%
La choucroute	24	10%
Les galettes de sarrasin	25	9%
La fondue bourguignonne	25	9%
Le cassoulet	30	7%
Les sushis	30	7%
Le tartare de bœuf	34	6%
La bouillabaisse	37	5%

Plats français / Plats étrangers

* 「好きな料理ベスト5」に上記の料理名を挙げたフランス人の割合

D'après enquête TNS SOFRES, 2011

Doc 2 Qu'est-ce que vous prenez ?

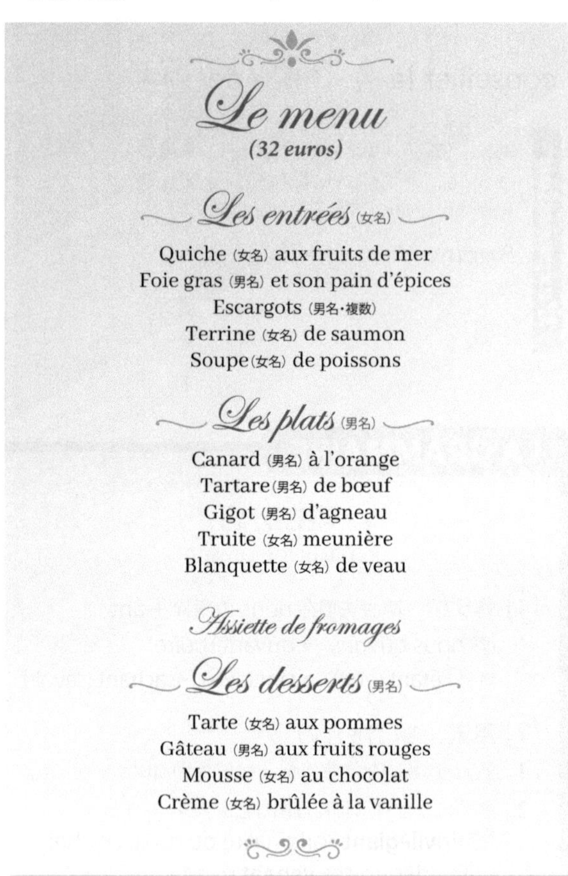

Le menu
(32 euros)

Les entrées (女名)

Quiche (女名) aux fruits de mer
Foie gras (男名) et son pain d'épices
Escargots (男名・複数)
Terrine (女名) de saumon
Soupe (女名) de poissons

Les plats (男名)

Canard (男名) à l'orange
Tartare (男名) de bœuf
Gigot (男名) d'agneau
Truite (女名) meunière
Blanquette (女名) de veau

Assiette de fromages

Les desserts (男名)

Tarte (女名) aux pommes
Gâteau (男名) aux fruits rouges
Mousse (女名) au chocolat
Crème (女名) brûlée à la vanille

Doc 3 Quelques-uns des 1200* fromages français

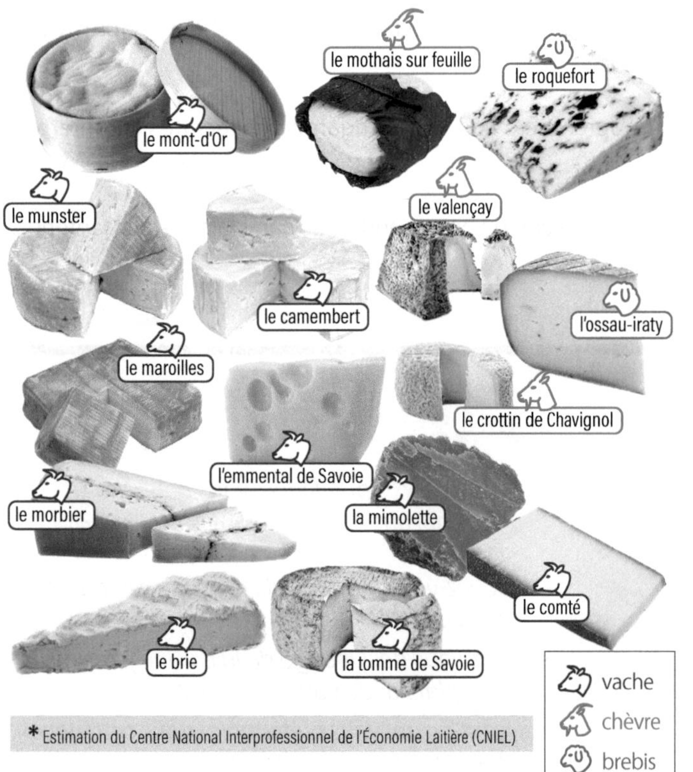

* Estimation du Centre National Interprofessionnel de l'Économie Laitière (CNIEL)

Doc 4 Où produit-on du vin ?

このリストはあくまで一例です。多様性の観点から、単に大衆に好まれたものから芸術的価値の高いものまで、様々な作品が入っています。

インターネットで検索すれば、あなたのお気に入りの作品が見つかるはずです！

100 chansons

Avant 1960

1924 *Parlez-moi d'amour* Lucienne Boyer
1938 *J'attendrai* Tino Rossi
1939 *La java bleue* Fréhel
1946 *Les feuilles mortes* Yves Montand
1946 *Non, je ne regrette rien* Edith Piaf
1947 *Douce France* Charles Trénet
1951 *Sous le ciel de Paris* Juliette Gréco
1954 *Le déserteur* Boris Vian
1955 *Le temps des cerises* Cora Vaucaire
1959 *Ne me quitte pas* Jacques Brel

1960

1961 *Le tourbillon de la vie* Jeanne Moreau
1961 *C'était bien* Bourvil
1962 *Dis, quand reviendras-tu ?* Barbara
1962 *Syracuse* Henri Salvador
1964 *Les copains d'abord* Georges Brassens
1964 *Poupée de cire...* France Gall
1965 *Chez Laurette* Michel Delpech
1965 *La bohème* Charles Aznavour
1966 *La poupée qui fait non* Michel Polnareff
1967 *Comme d'habitude* Claude François
1967 *Le téléfon* Nino Ferrer
1968 *Il est cinq heures* Jacques Dutronc
1969 *Les Champs-Elysées* Joe Dassin
1969 *Le métèque* Georges Moustaki

1970

1971 *Avec le temps* Léo Ferré
1972 *San Francisco* Maxime Le Forestier
1972 *Une belle histoire* Michel Fugain
1973 *Le Javanaise* Serge Gainsbourg
1973 *La maladie d'amour* Michel Sardou
1974 *Les mots bleus* Christophe
1975 *Vanina* Dave
1975 *Les vacances au bord de l'eau* Michel Jonasz
1975 *Il venait d'avoir dix-huit ans* Dalida
1976 *La Jument de Michao* Tri Yann
1977 *Allô maman bobo* Alain Souchon
1977 *Lily* Pierre Perret
1977 *Prendre un enfant par la main* Yves Duteil
1977 *L'oiseau et l'enfant* Marie Myriam
1978 *Ma préférence* Julien Clerc
1978 *L'aquoiboniste* Jane Birkin
1978 *Le chanteur* Daniel Balavoine
1978 *Tu verras* Claude Nougaro

1980

1980 *Couleur menthe à l'eau* Eddy Mitchell
1980 *L'encre de tes yeux* Francis Cabrel
1982 *Comme toi* Jean-Jacques Goldman
1982 *Ça c'est vraiment toi* Téléphone
1984 *Marcia Baïla* Rita Mitsouko
1985 *Quelque chose de Tennesse* Johnny Hallyday
1985 *Belle-Île-en-Mer* Laurent Voulzy
1986 *Mistral gagnant* Renaud
1987 *Voyage voyage* Desireless
1987 *Tout mais pas ça* L'Affaire Louis' Trio
1988 *Partir quand même* Françoise Hardy
1989 *Maldon* Zouk Machine

1990

1990 *J'ai vu* Niagara
1991 *Un homme heureux* William Sheller
1991 *Désenchantée* Mylène Farmer
1992 *L'autre Finistère* les Innocents
1993 *Il me dit que je suis belle* Patricia Kaas
1994 *Juste quelqu'un de bien* Enzo Enzo
1994 *Obsolète* MC Solaar
1995 *Pour que tu m'aimes encore* Céline Dion
1996 *Quelques mots d'amour* Véronique Sanson
1997 *L'école du micro d'argent* IAM
1997 *J't'emmène au vent* Louise Attaque
1997 *Sympathique* Pink Martini
1998 *Belle* Notre-Dame de Paris
1998 *La tribu de Dana* Manau
1998 *La nuit je mens* Alain Bashung
1998 *Je ne t'aime plus* Manu Chao
1998 *Ma benz* NTM
1999 *Je dis aime* M

2000

2000 *Jeune et con* Damien Saez
2001 *Le vent nous portera* Noir Désir
2002 *Fanny Ardant et moi* Vincent Delerme
2003 *Quelqu'un m'a dit* Carla Bruni
2004 *La cigarette* San Severino
2005 *Je pense à toi* Amadou et Mariam
2005 *Ta douleur* Camille
2006 *La lettre* Renan Luce
2006 *Louxor j'adore* P. Katerine
2007 *Divine idylle* Vanessa Paradis
2009 *La superbe* Benjamin Biolay
2009 *Je suis un homme* Zazie
2009 *Elle panique* Olivia Ruiz

2010

2011 *Je veux* Zaz
2011 *Elle me dit* Mika
2011 *Non, non, non* Camelia Jordana
2013 *Papaoutai* Stromae
2013 *Ça ira* Joyce Jonathan
2014 *Christine* Christine and the Queens
2014 *Pas là* Vianney
2016 *Les limites* Julien Doré
2017 *Kid* Eddy De Pretto
2017 *Le Grand Amour* Albin de la Simone
2017 *Ta marinière* Hoshi
2017 *Basique* Orelsan
2019 *Balance ton quoi* Angèle
2019 *Je sais pas danser* Pomme
2019 *Djadja* Aya Nakamura
2021 *Respire encore* Clara Luciani

6 séries

2009 *Un Village français*
2015 *Le Bureau des légendes*
2015 *Versailles*
2015 *Dix pour cent*
2016 *Baron noir*
2021 *Lupin*

100 films

Avant 1960

1937 *La Grande Illusion* J. Renoir
1939 *La Règle du jeu* J. Renoir
1945 *Les Enfants du Paradis* M. Carné
1946 *La Belle et la Bête* J. Cocteau
1952 *Jeux interdits* R. Clément
1955 *Les Diaboliques* H.-G. Clouzot
1956 *La Traversée de Paris* C. Autant-Lara
1958 *Mon Oncle* J. Tati
1959 *Hiroshima mon amour* A. Resnais
1959 *Les Quatre Cents Coups* F. Truffaut

1960

1960 *À bout de souffle* J.-L. Godard
1960 *Plein soleil* R. Clément
1962 *Cléo de 5 à 7* A. Varda
1963 *Le Mépris* J.-L. Godard
1963 *Les Tontons flingueurs* G. Lautner
1964 *Les Parapluies de Cherbourg* J. Demy **CM**
1965 *Pierrot le fou* J.-L. Godard
1966 *La Grande Vadrouille* G. Oury **C**
1966 *Un Homme et une Femme* C. Lelouch
1967 *Le Samouraï* J.-P. Melville
1969 *Z* Costa-Gavras

1970

1970 *Borsalino* J. Deray
1971 *La Folie des grandeurs* G. Oury **C**
1973 *Les Aventures de Rabbi Jacob* G. Oury **C**
1974 *Les Valseuses* B. Blier
1975 *Le Vieux Fusil* R. Enrico
1979 *Les Bronzés font du ski* P. Leconte **C**

1980

1980 *Le Roi et l'Oiseau* P. Grimault **FA**
1981 *Coup de torchon* B. Tavernier
1981 *La Chèvre* F. Veber **C**
1982 *Les Misérables* R. Hossein
1982 *Le Père Noël est une ordure* J.-M. Poiré **C**
1983 *Tchao Pantin* C. Berri
1985 *Trois hommes et un couffin* C. Serreau **C**
1986 *37°2 le matin* J.-J.Beineix
1986 *Jean de Florette* C. Berri
1986 *Le Rayon vert* E. Rohmer
1987 *Au revoir les enfants* L. Malle
1988 *Le Grand Bleu* L. Besson
1989 *Trop belle pour toi* B. Blier

1990

1990 *Nikita* L. Besson
1990 *Cyrano de Bergerac* J.-P. Rappeneau
1991 *Tous les matins du monde* A. Corneau
1991 *La Double Vie de Véronique* K. Kieslowski
1991 *Les Amants du Pont neuf* L. Carax
1993 *Les Visiteurs* J.-M. Poiré **C**
1994 *La Cité de la peur* A. Berbérian
1994 *Les Roseaux sauvages* A. Téchiné
1994 *La Reine Margot* P. Chéreau
1995 *La Haine* M. Kassovitz
1996 *Ridicule* P. Leconte
1996 *Irma Vep* O. Assayas
1997 *Didier* A. Chabat **C**
1997 *On connaît la chanson* A. Resnais **CM**
1998 *Le Dîner de cons* F. Veber **C**
1998 *Taxi* G. Pirès **C**
1998 *Kirikou et la sorcière* M. Ocelot **FA**
1999 *L'Humanité* B. Dumont

2000

2000 *Le Goût des autres* A. Jaoui
2000 *Beau Travail* C. Denis
2001 *Le Placard* F. Veber **C**
2001 *(...) Amélie Poulain* J.-P. Jeunet
2001 *Le Pacte des loups* C. Gans
2002 *Astérix et Obélix, Mission (...)* A. Chabat **C**
2002 *L'Auberge espagnole* C. Klapisch
2002 *Huit Femmes* F. Ozon **CM**
2004 *Les Choristes* C. Barratier
2004 *Rois et reine* A. Desplechin
2005 *L'Enfant* J.-P. et L. Dardenne
2005 *De battre mon cœur s'est arrêté* J.Audiard
2006 *Indigènes* R. Bouchareb
2006 *La Science des rêves* M. Gondry
2007 *Le Scaphandre et le Papillon* J. Schnabel
2007 *Persépolis* V. Paronnaud, M. Satrapi **FA**
2008 *Entre les murs* L. Cantet
2008 *Paris* C. Klapisch
2008 *Bienvenue chez les Ch'tis* D. Boon **C**
2009 *Le Hérisson* M. Achache
2009 *OSS 117, Rio (...)* M. Hazanavicius **C**

2010

2010 *Des Hommes et des Dieux* X. Beauvois
2010 *Les Petits Mouchoirs* G. Canet
2011 *Intouchables* O. Nakache, E. Toledano **C**
2011 *Polisse* Maïwenn
2011 *The Artist* M. Hazanavicius
2012 *Amour* M. Haneke
2013 *Qu'est-ce qu'on a fait (...)* P. de Chauveron **C**
2013 *La Vie d'Adèle (...)* A. Kechiche
2014 *La Famille Bélier* E. Lartigau
2014 *Mommy* X. Dolan
2016 *Elle* P. Verhoeven
2017 *Jusqu'à la garde* X. Legrand
2017 *Au revoir là-haut* A. Dupontel
2018 *Plaire, aimer et courir vite* C. Honoré
2019 *Les Misérables* L. Ly
2019 *J'accuse* R. Polanski
2019 *Portrait de la jeune fille en feu* C. Sciamma
2020 *Adieu les cons* A. Dupontel
2020 *Été 85* F. Ozon
2021 *Titane* J. Ducournau
2022 *La Nuit du 12* D. Moll

C comédie **CM** comédie musicale **FA** film d'animation

a Joconde au musée du Louvre

e festival de Cannes

Un concert de musique classique

Un concert de rock

LES PREMIERS MOTS

1 s'intéresser à :
2 la culture :
3 l'art :
4 le cinéma :
5 le théâtre :
6 assister à :
7 organiser :
8 un évènement :
9 un festival :
10 un spectacle :
11 un concert :
12 avoir lieu :

THÈME 8 La vie culturelle

Les Français qui aiment sortir peuvent profiter d'[1] une offre culturelle[2] variée.

D'abord, ils vont souvent au cinéma. Il faut dire que le « septième art » est une institution[3] dans le pays des frères Lumière[4] : beaucoup de films français sortent chaque année et une vingtaine de festivals, dont[5] celui[6] de Cannes, rassemblent de nombreux cinéphiles.
Les salles de concert attirent aussi beaucoup de monde. Il y a bien sûr la chanson française, qui touche à[7] tous les genres : la pop, le rap, le rock, le folk, les comédies musicales, etc. Mais certains préfèrent aller à un concert de musique classique, à l'opéra ou dans un club de jazz.
Il existe d'autres lieux de spectacles, comme les théâtres ou les lieux consacrés à la danse. Et puis on peut simplement aller à la bibliothèque pour y chercher un bon livre, ou bien visiter un musée si l'on s'intéresse à l'art.

D'autre part, la vie culturelle française ne se limite pas aux lieux spécialisés.
Il suffit parfois de sortir de chez soi pour assister à des spectacles : on peut voir dans les rues des centres-villes ou dans le métro des musiciens, des comédiens ou des artistes de cirque qui font des animations.
Surtout, plus de 3000 festivals en tous genres[8] sont organisés chaque année dans des décors insolites : un petit village, un beau parc, une église du XIIIe siècle, un château prestigieux, ou même un site inscrit au patrimoine mondial[9] !
Il y a aussi des fêtes annuelles qui ont lieu dans tout le pays. Par exemple en juin, les musiciens amateurs et professionnels profitent de la *Fête de la Musique* pour sortir et jouer dans les rues. En octobre, la *Nuit blanche* propose à tous de découvrir des créations artistiques contemporaines... jusqu'au matin !

Cette grande diversité est possible parce que l'État aide la création artistique et les nombreuses associations culturelles grâce à un système de subventions. Le but de la politique culturelle française est de toucher[10] tous les publics, car pouvoir se cultiver est considéré comme un droit. « Être cultivé » est d'ailleurs une qualité particulièrement valorisée !

La Bibliothèque nationale

1 *profiter de ~ (pour ~) :* ～を利用する（～を利用して～する） **2** *offre culturelle :* （提供される）文化活動 **3** *institution :* 制度（化されたもの） **4** *les frères Lumière :* リュミエール兄弟（映画の原型であるシネマトグラフの発明者） **5** *dont :* 関係代名詞。ここでは，dont 以下の数詞や（代）名詞が先行詞に包含されることを示す。「～を含む，そのうちの～」 **6** *celui :* 指示代名詞（→ p.65） **7** *toucher à ~ :* ～に関連する **8** *en tous genres :* あらゆるジャンルの **9** *inscrit(e) au patrimoine mondial :* 世界遺産に認定された **10** *toucher ~ :* ～を対象とする

Exercices

Les mots-clés

Comment dit-on ~ en français ?

1 補助金　2 文化政策　3 フェスティバル
4 教養のある　5 外出

une sortie
être cultivé(e)
un festival
une politique culturelle
une subvention

profiter de 名詞 pour 不定詞
～を利用して～する

L'expression

私はフランス旅行を利用して多くの美術館を訪れ（visiter）、音楽フェスティバルへ行く（assister à）。

Je ....

....

....

LA COMPRÉHENSION

DAPF

1 Cochez les bonnes réponses. 正しい答えを選びなさい。（複数解答あり）

1. De quels sujets parle-t-on dans le texte ?

☐ la danse	☐ l'opéra	☐ l'architecture
☐ la photo	☐ la lecture	☐ la peinture
☐ le théâtre	☐ le cinéma	☐ la musique

2. Quelles informations sur la France ne sont pas dans le texte ?
   - ☐ Plus de 3 000 festivals sont organisés chaque année.
   - ☐ Plus de 60 000 livres sont publiés chaque année.
   - ☐ Il existe plus de 250 000 associations culturelles.

2 Répondez. 本文の一部を使いながら、質問に答えなさい。

1. Pourquoi dit-on qu'il existe en France une forte tradition cinématographique ?
2. De quels lieux culturels spécialisés parle-t-on dans le texte ?
3. Faut-il nécessairement aller dans des salles de spectacles pour assister à des évènements artistiques ?
4. Quel est l'objectif de la politique culturelle française ?

LA GRAMMAIRE

冠詞の使い分け 2
les articles (2)

1 復習 (→ p. 21)

1. 不定冠詞 **un, une, des**：聞き手にとって未知・不特定の数えられる名詞につける。
   ex On fait **un** jeu ?
2. 部分冠詞 **du (de l'), de la (de l')**：聞き手にとって未知・不特定の数えられない名詞につける。
   ex Je fais **du** sport.

2 定冠詞 le (l'), la (l'), les

1. 話し手・聞き手にとって既知のもの、特定・限定されているものにつける。
   ex **Le** concert d'hier était très bien.（限定）
   ex ... et ensuite, **l'**enfant est rentré chez lui.（既出）
   ex Oh, regarde **le** clown !（目の前のものを指し示して）
   ex Je fais **le** ménage.（一般に共有された経験）
2. 総称的用法＝「～というもの（カテゴリー）」
   ex J'aime beaucoup **les** sorties culturelles.

3 Complétez avec l'article. 適切な冠詞(不定冠詞・部分冠詞・定冠詞)を入れなさい。

J'adore [1] théâtre. Ce soir, je vais voir [2] pièce (女名) de Molière à [3] Comédie-Française (劇場の名称). J'ai entendu dire que [4] pièce est intéressante et que [5] acteurs jouent très bien. Moi, je fais [6] théâtre, mais je ne suis pas douée... J'aime aussi écouter [7] musique. J'ai de la chance, car dans ma ville, il y a [8] petit festival de jazz en été. Ce n'est pas très connu, mais il y a [9] concerts intéressants tous les jours, alors [10] festival attire beaucoup d'amateurs de jazz. À part ça, je m'intéresse à [11] danse. En fait, je fais [12] danse classique depuis que j'ai six ans, mais je préfère [13] danse moderne.

La distinction

le genre artistique 芸術のジャンル ≠ **une œuvre** 個々の作品

le cinéma / un film
1 Je regarde quelquefois .... ,
mais je ne connais pas bien ....

la musique / un morceau
2 J'aime bien .... classique.
J'adore « Pagodes », ... de Debussy.

la peinture / un tableau
3 Je m'intéresse aussi à ....
Par exemple, j'aime bien ....
de Monet qui s'appelle « Le Pont japonais ».

Et vous ?

1. *Vous intéressez-vous à l'art ? Vous-même, pratiquez-vous une activité artistique ?*
2. *Allez-vous parfois voir des spectacles ? En général, où allez-vous quand vous sortez ?*
3. *Quels artistes français (peintres, musiciens, écrivains, réalisateurs, etc.) connaissez-vous ?*
4. *Qu'est-ce qui vous a surpris(e) dans cette leçon ?* (☛ *Ce qui m'a surpris(e), c'est que...*)

フランスの映画と歌の詳細に関しては、27ページを参照してください。

Le saviez-vous ?

フランス文化はフランス人のみによるものではありません。これまでに世界中の著名な芸術家や知識人がフランスで暮らしています。例えばイタリア人画家・発明家レオナルド・ダ・ヴィンチ、ポーランド人作曲家フレデリック・ショパン、オランダ人画家フィンセント・ファン・ゴッホ、スペイン人画家パブロ・ピカソ、アメリカ人作家アーネスト・ヘミングウェイ、日本人ファッションデザイナー高田賢三、アメリカ人映画監督ソフィア・コッポラがいます。フランス国籍を取得した人さえいます。画家マルク・シャガール（ベラルーシ）、建築家ル・コルビュジエ（スイス）、作家エルザ・トリオレ（ロシア）、作家ミラン・クンデラ（チェコ）、作家ガオ・シンジェン（中国）、映画監督トラン・アン・ユン（ベトナム）、漫画家・映画監督マルジャン・サトラピ（イラン）などです。

Doc 1 Les loisirs en général

Qu'avez-vous fait dans les 12 derniers mois ?

D'après enquête ObSoCo/CDA, 2020

Doc 2 Les activités culturelles en fonction de l'âge

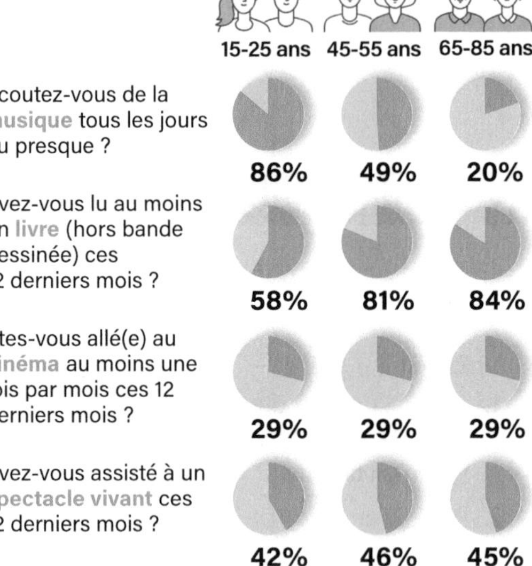

D'après enquête Le Monde, 2020

Doc 3 Quelques exemples de festivals

興味のあるフェスティバルのHPを見てみましょう！

Doc 4 Un exemple d'association culturelle : la troupe de théâtre amateur « Graal de Beaujeu »

ART ET CULTURE
Quelques « classiques »

ousseau : le Rêve

onet : Nympheas blancs

auguin : Femmes de Tahiti

illet : les Glaneuses

éricault : le Radeau de la Méduse

uelques romanciers actuels

Patrick Modiano
L'herbe des nuits

Christine Angot
Le Voyage dans l'Est
roman

nnie Ernaux
L'événement

Marie NDiaye
La Cheffe, roman d'une cuisinière

Michel Houellebecq

Hervé Le Tellier
L'anomalie

CINÉMA, PHOTO

フランスの映画と歌の詳細に関しては、27ページを参照してください。

J.-L. GODARD 1963 *Le Mépris*
A. VARDA 1962 *Cléo de 5 à 7*
F. TRUFFAUT 1962 *Jules et Jim*
A. RESNAIS 1959 *Hiroshima, mon amour*
H. CARTIER-BRESSON 1954 *Rue Mouffetard*
R. DOISNEAU 1950 *Le Baiser de l'hôtel de ville*
J. RENOIR 1939 *La Règle du jeu*
Les frères LUMIÈRE 1895 *L'arrivée d'un train en gare de la Ciotat*

PEINTURE, SCULPTURE

P. SOULAGES 1979 *Outrenoir*
M. CHAGALL 1968 *L'Oiseau bleu*
N. de SAINT-PHALLE 1965 *Nanas*
B. BUFFET 1955 *Tête de Clown*
F. LÉGER 1921 *Trois femmes*
M. DUCHAMP 1917 *Fountain*
C. MONET 1914-26 *Nymphéas*
G. BRAQUE 1909 *Port en Normandie*
P. GAUGUIN 1891 *Femmes de Tahiti*
A. RODIN 1880 *Le Penseur*
A. RENOIR 1876 *Bal du moulin de la Galette*
E. DEGAS 1874 *La Classe de danse*
E. MANET 1863 *Le Déjeuner sur l'herbe*
J.-F. MILLET 1857 *Les Glaneuses*
E. DELACROIX 1830 *La Liberté guidant le peuple*
T. GÉRICAULT 1819 *Le Radeau de la Méduse*

MUSIQUE CLASSIQUE

O. MESSIAEN 1941 *Le Quatuor pour la fin du temps*
M. RAVEL 1928 *Le Boléro*
C. DEBUSSY 1905 *Clair de lune*
J. MASSENET 1894 *La Méditation de Thaïs*
E. SATIE 1888 *Gymnopédies*
G. FAURÉ 1888 *Pavane*
C. SAINT-SAËNS 1886 *Le Carnaval des animaux*
J. OFFENBACH 1881 *Les Contes d'Hoffmann*
G. BIZET 1875 *Carmen*
H. BERLIOZ 1830 *La Symphonie fantastique*
J.-P. RAMEAU 1735 *Les Indes galantes*
F. COUPERIN 1714 *Leçons de ténèbres*
M.-A. CHARPENTIER 1691 *Te Deum*
J.-B. LULLY 1670 *Marche pour la cérémonie des Turcs*

ROMAN, POÉSIE, THÉÂTRE

M. DURAS 1984 *L'Amant*
A. ERNAUX 1983 *La Place*
P. MODIANO 1975 *Villa triste*
J.-M.G. LE CLÉZIO 1963 *Le Procès verbal*
N. SARRAUTE 1956 *L'Ère du soupçon*
L.S. SENGHOR 1956 *Éthiopiques*
A. de SAINT-EXUPÉRY 1943 *Le Petit Prince*
A. CAMUS 1942 *L'Étranger*
L.-F. CÉLINE 1932 *Voyage au bout de la nuit*
M. PROUST 1913-27 *À la Recherche du temps perdu*
E. ZOLA 1871-93 *Les Rougon-Macquart*
A. RIMBAUD 1886 *Les Illuminations*
P. VERLAINE 1869 *Les Fêtes galantes*
V. HUGO 1862 *Les Misérables*
C. BAUDELAIRE 1857 *Les Fleurs du mal*
G. FLAUBERT 1857 *Madame Bovary*
H. DE BALZAC 1830-56 *La Comédie humaine*
F.-R. DE CHATEAUBRIAND 1848 *Mémoires d'outre-tombe*
STENDHAL 1830 *Le Rouge et le Noir*
BEAUMARCHAIS 1785 *Le Mariage de Figaro*
P.-C. DE LACLOS 1782 *Les Liaisons dangereuses*
VOLTAIRE 1759 *Candide*
MARIVAUX 1730 *Le Jeu de l'amour et du hasard*
J. de La FONTAINE 1668-94 *Les Fables*
M.-M. de la FAYETTE 1678 *La Princesse de Clèves*
J. RACINE 1677 *Phèdre*
MOLIÈRE 1669 *Tartuffe*
P. CORNEILLE 1637 *Le Cid*
RONSARD 1552-78 *Les Amours*
F. RABELAIS 1534 *Gargantua*
(Anonyme) XIe siècle *La Chanson de Roland*

PHILOSOPHIE, PENSÉE

E. GLISSANT 1997 *Traité du Tout-monde*
P. BOURDIEU 1979 *La Distinction*
R. BARTHES 1970 *L'Empire des signes*
J. DERRIDA 1967 *L'Écriture et la Différence*
M. FOUCAULT 1966 *Les Mots et les choses*
C. LÉVI-STRAUSS 1955 *Tristes Tropiques*
S. DE BEAUVOIR 1949 *Le Deuxième Sexe*
S. WEIL 1949 *L'enracinement*
J.-P. SARTRE 1943 *L'Être et le Néant*
H. BERGSON 1900 *Le Rire*

1900

E. DURKHEIM 1895 *Les Règles de la méthode sociologique*
A. DE TOCQUEVILLE 1835-40 *De la démocratie en Amérique*
A. COMTE 1830-42 *Cours de philosophie positive*

1800

J-J. ROUSSEAU 1762 *Du Contrat social*
DIDEROT / D'ALEMBERT 1751-72 *L'Encyclopédie*
MONTESQUIEU 1748 *De l'esprit des lois*

1700

B. PASCAL 1670 *Les Pensées*
R. DESCARTES 1637 *Le Discours de la Méthode*

1600

MONTAIGNE 1580-88 *Les Essais*

1500

1000

LES PREMIERS MOTS

1 des vacances :
2 un congé :
3 un jour férié :
4 la montagne :
5 la campagne :
6 la mer :
7 le ski :
8 un hôtel :
9 un camping :
10 se reposer :
11 s'amuser :
12 se promener :

La Côte d'Azur

THÈME 9

Les vacances

« Paris Plage »

En plus des jours fériés, les Français ont en général droit à[1] cinq semaines de congés payés par an qu'[2] ils utilisent sans hésitation.

Ils prennent surtout un long congé de deux ou trois semaines en été, car l'année scolaire finit en juin et les enfants ont alors deux mois de vacances, appelées les « grandes vacances ». Certains partent à l'étranger, mais la plupart préfèrent rester en France et passer[3] leurs vacances au bord de la mer, à la montagne ou à la campagne. Comme[4] de nombreux étrangers viennent aussi en France, il y a beaucoup d'embouteillages sur les routes en juillet et en août.

Les Français aiment également partir en vacances à d'autres moments de l'année. Par exemple en hiver, ceux qui le[5] peuvent profitent des congés de fin d'année pour aller faire du ski dans les Alpes ou les Pyrénées, car la France possède le plus vaste domaine skiable du monde.

La pétanque

De manière générale[6], quand ils sont en vacances, les Français veulent surtout se changer les idées[7] et se reposer. Ils se lèvent souvent tard et vivent au ralenti[8] : en été, ils se promènent, se baignent, jouent à la pétanque avec leurs amis, s'invitent à prendre l'apéritif ou à des barbecues... Ils veulent aussi passer beaucoup de temps dehors et prendre le soleil. Pour certains, bronzer est même l'activité principale et le bronzage est le signe de vacances réussies. C'est pour cela que[9] les plages du sud, par exemple celles de la Côte d'Azur, sont si populaires. L'autoroute qui va de Paris à Marseille est d'ailleurs[10] surnommée « l'autoroute du soleil ».

Pendant leurs vacances, les Français logent chez des amis, à l'hôtel, dans une location, dans une chambre d'hôtes[11], ou même dans un camping : ils dorment alors[12] sous une tente, dans une caravane ou bien louent un mobile home[13] très confortable. Quant aux plus chanceux, ils peuvent passer leurs vacances dans leur propre[14] « maison de vacances » !

1 *avoir droit à ~ :* ～を受ける権利を有する **2** *que :* 関係代名詞（→ p.51） **3** *passer ~* (+場所) *:* ～(時間)を(～で)過ごす **4** *Comme ~ :* ～なので **5** *le :* 中性代名詞（→ p.61） **6** *de manière générale :* 一般に **7** *se changer les idées :* 気分転換をする **8** *au ralenti :* ゆっくりと **9** *c'est pour cela que ~ :* そういうわけで～だ **10** *d'ailleurs :* そのうえ **11** *chambre d'hôtes :* 民宿 **12** *alors :* その場合は **13** *mobile home :* 移動住宅 **14** *propre :* (所有形容詞とともに) 自分自身の

Chamonix (Alpes)

Exercices

LA COMPRÉHENSION

DAPF

1 Cochez les bonnes réponses. 正しい答えを選びなさい。(複数解答あり)

1. Combien de congés prennent chaque année les Français ?
   ☐ 5 jours ☐ 5 semaines ☐ 5 mois
2. Qu'y a-t-il sur la Côte d'Azur ?
   ☐ des bains thermaux ☐ des pistes de ski ☐ des plages
3. De quelles activités parle-t-on explicitement dans le texte ?
   ☐ la pétanque ☐ boire du pastis ☐ le barbecue
4. De quels types de logement parle-t-on dans le texte ?
   ☐ la chambre d'hôtes ☐ le château ☐ la tente

2 Répondez. 本文の一部を使いながら、質問に答えなさい。

1. En général, quand les Français prennent-ils des vacances ? (Citez deux périodes différentes).
2. Que font par exemple les Français pendant leurs vacances ?
3. Les Français évitent-ils toujours le soleil ?
4. Où les Français logent-ils pendant leurs vacances ?

Les mots-clés

Comment dit-on ~ en français ?

1 祝日 2 ペタンク 3 日焼けする
4 交通渋滞 5 夏休み

bronzer
un jour férié
un embouteillage
la pétanque
les grandes vacances

L'expression

passer du temps quelque part
〜(時間)を〜(場所)で過ごす

毎年、私は夏休みを海辺(au bord de la mer)で過ごす。実は、日焼けするのが好きだ、だから多くの時間をビーチで(sur la plage)過ごす。

Chaque année, ...

....

....

LA GRAMMAIRE

代名動詞
les verbes pronominaux

主語と同じ人・ものを表す目的語人称代名詞(=再帰代名詞)を伴う動詞

1 活用

ex je **me** lève	nous **nous** levons
tu **te** lèves	vous **vous** levez
il **se** lève	ils **se** lèvent

2 用法

1. 再帰的用法:行為・動作が主語自身にかえってくる。
   ex Je **me promène** au bord de la mer.
2. 相互的用法:「互いに〜しあう」(主語は複数)。
   ex Ils **s'invitent** souvent à prendre l'apéritif.
3. 受動的用法:「(主語は)〜される」(主語はもの)。
   ex Le pastis **se boit** frais.
4. 本質的用法:代名動詞の形しかないもの、熟語的なもの。
   ex Je **me souviens** de mes vacances à la mer.

3 Conjuguez les verbes au présent.
動詞を直説法現在に活用させなさい。

1. Le week-end, je ______ (se coucher) souvent tard.
2. Mon copain et moi, nous ______ (s'écrire) tous les jours.
3. Est-ce que tu ______ (aller se baigner) cet après-midi ?
4. Nous ______ (aimer se promener) dans la nature.
5. La pétanque ______ (se pratiquer) dans toute la France.
6. Ils ______ (se souvenir de) leurs vacances au Japon.
7. Vous ______ (s'amuser) bien en France ?
8. Quand je suis chez mes parents, je ______ (se reposer).

La distinction

nager ≠ **se baigner**
泳ぐ 水遊びをする

Quand je vais à la mer, j'adore ....
parce que c'est très relaxant.
Par contre, je n'aime pas .... ,
parce que je ne .... pas bien
et puis je trouve ça trop fatigant.

Et vous ?

1. *Qu'aimez-vous faire quand vous êtes en vacances ?*
2. *Où avez-vous passé vos dernières vacances ? Vous vous êtes bien amusé(e) ? Qu'avez-vous fait ?*
3. *Allez-vous partir en vacances cet été/hiver ? Où allez-vous loger ?*
4. *Qu'est-ce qui vous a surpris(e) dans cette leçon ?*
   (☛ Ce qui m'a surpris(e), c'est que...)

Documents

Le saviez-vous ?

2000年代初頭から、フランスでは観光の新たなトレンドが広がっています。異国の地に行くという従来の旅行スタイルではなく、近場で現地の住民と交流しながら、自分の原点に立ち返り、自分を取り戻すという、より倫理的で環境に配慮した旅をするのです。ツリーハウス、農場での有機農業体験、デジタルデトックス、河川観光用のレンタルボートなど、独創的なコンセプトの旅が生まれています。

▲ une péniche

une cabane dans les arbres ▶

Doc 1 Les vacances scolaires en France

les vacances de la Toussaint	2 semaines	fin octobre
les vacances de Noël	2 semaines	fin décembre
les vacances d'hiver	2 semaines	février
les vacances de printemps	2 semaines	avril - mai
les vacances d'été	8 semaines	juillet - août

Source : ministère de l'Education nationale

Doc 2 Les principaux lieux touristiques en France

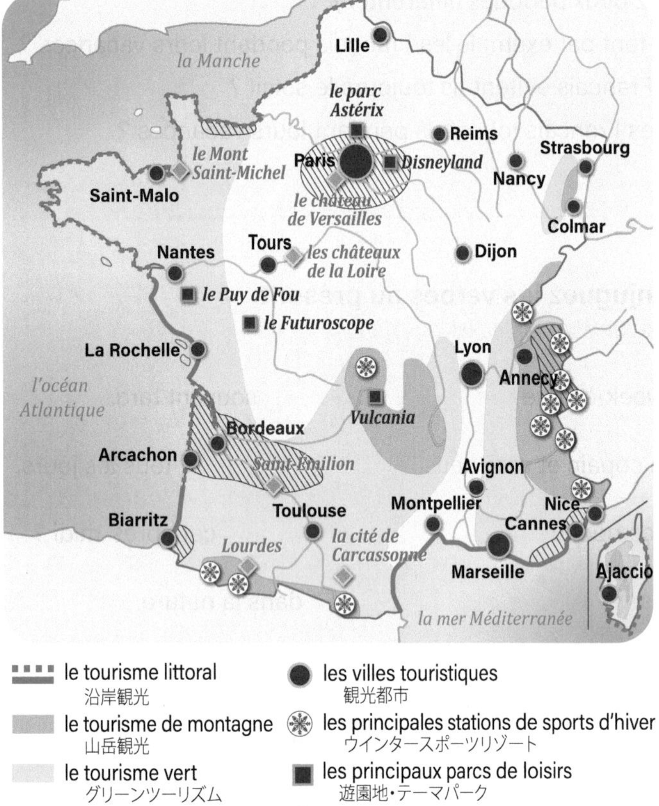

Doc 3 Enquête : « Où pensez-vous passer vos vacances d'été ? » (複数回答可)

65%	à la plage
26%	à la campagne
20%	à la montagne
18%	en ville

D'après enquête IPSOS, 2022

Doc 4 Enquête : « Où pensez-vous loger pendant les vacances d'été ? » (複数回答可)

Chez quelqu'un de la famille	30%
Dans un appartement ou une maison de location	27%
Dans un camping	21%
Dans un hôtel	15%
Dans une résidence secondaire	12%
Chez des amis	11%
Dans un club ou un village de vacances	5%
Dans un gîte rural ou une chambre d'hôtes	4%

D'après enquête BVA, 2017

Doc 5 Enquête : « Cet été pensez-vous partir en vacances ? » (複数回答可)

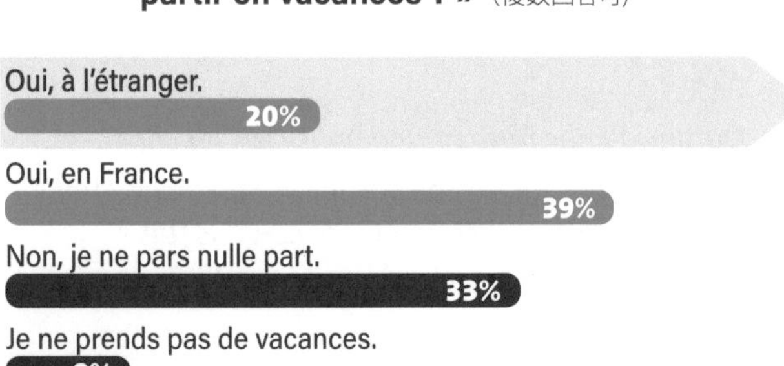

D'après enquête BVA, 2018

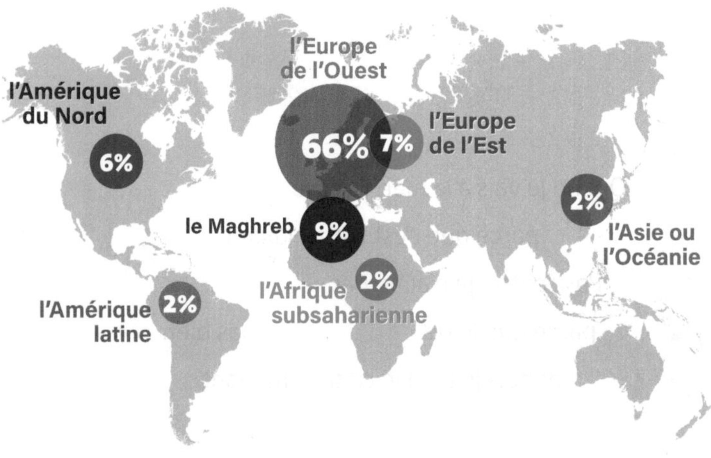

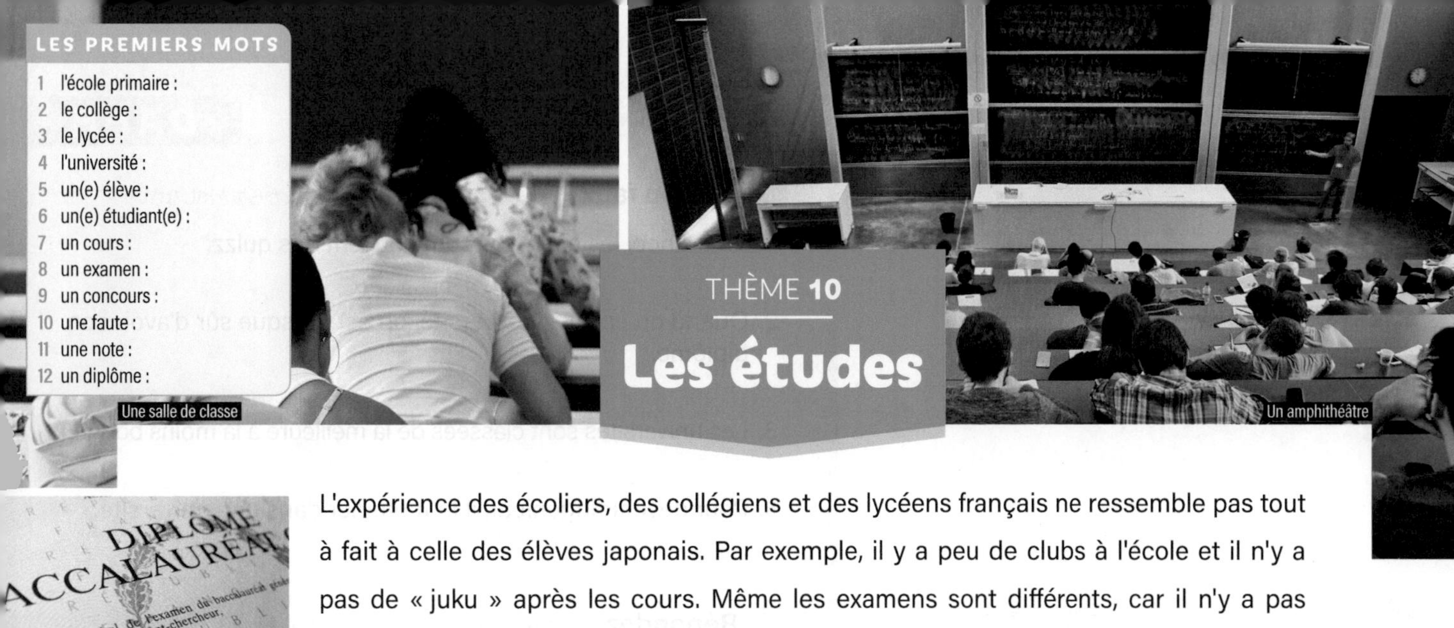

Une salle de classe

Un amphithéâtre

LES PREMIERS MOTS

1 l'école primaire :
2 le collège :
3 le lycée :
4 l'université :
5 un(e) élève :
6 un(e) étudiant(e) :
7 un cours :
8 un examen :
9 un concours :
10 une faute :
11 une note :
12 un diplôme :

THÈME **10**

Les études

L'expérience des écoliers, des collégiens et des lycéens français ne ressemble pas tout à fait à celle des élèves japonais. Par exemple, il y a peu de clubs à l'école et il n'y a pas de « juku » après les cours. Même les examens sont différents, car il n'y a pas de quizz : pour répondre aux questions, les élèves doivent écrire des phrases, voire de longs textes. Et si leurs notes ne sont pas bonnes, ils sont parfois obligés de redoubler.

À la fin du lycée, les élèves français passent le baccalauréat, un examen national qui leur permet ensuite de devenir « étudiants », c'est-à-dire de faire des études supérieures.

Plus de la moitié vont alors « à la fac ». Y entrer est assez simple puisqu'il n'y a ni concours d'entrée ni classement des universités comme au Japon. Par contre, il est difficile d'obtenir son diplôme, car les examens sont très sélectifs : jusqu'à 50% des étudiants échouent dès la première année ! D'autre part, les jeunes qui ont obtenu une licence, un master ou même un doctorat à l'université n'intéressent pas beaucoup les entreprises, car celles-ci jugent souvent leur formation trop théorique.

De nombreux bacheliers préfèrent donc entrer dans des écoles préparant à un métier précis : technicien, ingénieur[1], commercial, architecte, infirmier, etc. Leur formation inclut des stages en entreprise qui leur permettent d'apprendre à travailler.

Il y a enfin les « grandes écoles ». Certaines d'entre elles sont particulièrement prestigieuses et sélectionnent un petit nombre d'étudiants grâce à des concours d'entrée très difficiles. Par exemple, l'École polytechnique forme des ingénieurs tandis que l'École normale supérieure forme plutôt des enseignants-chercheurs.

Le système éducatif français a pendant longtemps joué un rôle d' « ascenseur social[2] » très efficace, car il est généralement presque gratuit et des bourses permettent aux plus pauvres[3] de faire des études. Toutefois, aujourd'hui, il est souvent critiqué. D'une part, on l'accuse de ne plus remplir ce rôle mais, au contraire, de reproduire les inégalités sociales. D'autre part, beaucoup de Français ont l'impression que le niveau des élèves baisse, notamment dans les savoirs fondamentaux[4] : certains disent même que les jeunes n'apprennent plus à compter et ne savent plus écrire sans faire de fautes...

1 *ingénieur* : エンジニア（フランスでは、一般に修士号以上の高学歴者で管理職に就く。社会的地位が高い） **2** *ascenseur social* : 社会的地位向上の手段 **3** *les plus pauvres* : 形容詞 pauvre（ここでは名詞として使われている）の優等最上級 **4** *savoirs fondamentaux* : 基礎知識

Exercices

Les mots-clés

Comment dit-on ~ en français ?
1 留年する 2 グランドゼコール 3 無償
4 社会的地位向上の手段 5 バカロレア

le bac / la gratuité / les grandes écoles / redoubler / l'ascenseur social

L'expression

ça permet (à ~) de 不定詞
それは(〜に)〜することを可能にする

学校へ行くことは必要だ、なぜなら読むこと、また計算することを学べるからだ、同時に(en même temps) 友人を作る(se faire des amis) ことも可能になる。

Il est nécessaire d' ....

....

....

LA COMPRÉHENSION

DAPF

1 Vrai ou faux ? 正誤問題。答えに関係する文を本文から抜き出しなさい。

1. En France, les examens sont souvent des quizz.
   ☐ VRAI ☐ FAUX
2. Quand on entre à l'université, on est presque sûr d'avoir son diplôme.
   ☐ VRAI ☐ FAUX
3. Les universités sont classées de la meilleure à la moins bonne.
   ☐ VRAI ☐ FAUX
4. Pour devenir ingénieur, il faut étudier dans une université.
   ☐ VRAI ☐ FAUX

2 Répondez. 本文の一部を使いながら、質問に答えなさい。

1. À l'école primaire, au collège ou au lycée, quelles sont les différences entre la France et le Japon ?
2. Quelles difficultés les étudiants rencontrent-ils à l'université ?
3. À part l'université, dans quels genres d'écoles les jeunes Français peuvent-il entrer après le bac ?
4. Pourquoi le système éducatif français est-il critiqué ?

LA GRAMMAIRE

書きことばのフランス語：3つのポイント
3 conseils pour écrire en français

1 論理構造を明確に示す structurer le texte

■ d'abord / ensuite / enfin : はじめに / 次に / 最後に ■ d'une part / d'autre part : 一方では / 他方では ■ de plus : そのうえ、さらに ■ donc : したがって ■ car : なぜなら ■ toutefois / cependant : しかしながら ■ en revanche : それに対して、その代わり

2 書きことばに適した表現を使う soigner le style

■ donc (= alors) ■ de plus (= en plus) ■ cela (= ça) ■ si l'on~ (= si on) ■ que l'on~ (= qu'on) ■ il est 形容詞 de 不定詞 (= c'est ~ de ~) ex *Il est courant de redoubler* (「de + 不定詞」なしの場合は c'est を使う) ■ 主語の省略 ex *Il étudie mais ne progresse pas* ■ 列挙における冠詞の省略 ex *Élèves et professeurs sont en vacances* ■ 倒置疑問 (動詞 - 主語 ?) ex *Qu'apprend-il ?*

3 同義語を使って、単語のくり返しを避ける varier les mots

■ aussi / également ■ surtout / notamment ■ beaucoup de ~ / de nombreux(euses) ~ ■ quand ~ / lorsque ~

3 Compléter avec les mots proposés. ( ) 内の語句を使って、文を完成させなさい。

1. *(en revanche / d'abord / d'autre part / enfin)*

Les universités françaises sont différentes des universités japonaises. ＿＿＿＿, elles sont presque toutes publiques. ＿＿＿＿, elles sont presque gratuites. ＿＿＿＿, il n'y a pas de classement des universités. ＿＿＿＿, il y a certaines grandes écoles qui sont plus prestigieuses que les universités.

2. *(cela / il est / toutefois / si l' / donc)*

En théorie, ＿＿＿＿ on a le bac, on peut entrer facilement à l'université. ＿＿＿＿, ＿＿＿＿ peut être plus difficile lorsqu'il y a trop de candidats. ＿＿＿＿ important d'avoir un bon dossier scolaire (学校での成績) !

La distinction

savoir ~ 〜できる(習得した能力)、〜のやり方を知っている ≠ **pouvoir ~** 〜できる(可能)、〜してもよい(許可)

Je .... utiliser ce logiciel parce que j'ai appris à l'utiliser à l'école, mais je ne .... pas l'utiliser car il n'est pas installé sur mon ordinateur.

Et vous ?

1. *Combien d'années avez-vous passées à l'école primaire, au collège et au lycée ?*
2. *Dans quelle faculté êtes-vous ? Quelles matières étudiez-vous ?* (☛ *Je suis à la faculté de…*)
3. *Avez-vous l'intention de faire un master et un doctorat ?*
4. *Qu'est-ce qui vous a surpris(e) dans cette leçon ?* (☛ *Ce qui m'a surpris(e), c'est que…*)

Documents

Le saviez-vous ?

フランスの高等教育は平等主義、実力主義とされています。大部分の高等教育課程に対して、国から多額の助成金が交付されており、学生は安い学費で学ぶことができます。しかし現実には、最も権威のある教育課程に入学する学生の大半が社会的地位の高い職につく親を持つエリート層に属しています。そのため、現在のフランスの教育システムは社会階級の再生産を助長していると批判されています。この問題を解決するため、2000年代半ばから、パリ政治学院をはじめとするいくつかのグランドゼコールでは、社会階層下位に属する受験生を対象とした特別枠を設けるなど、多様な社会階層に配慮した選抜方法を試みています。

フランス国防省所管の
グランドゼコール、フランス理工科学校の学生

Doc 1 Le système éducatif français (simplifié)

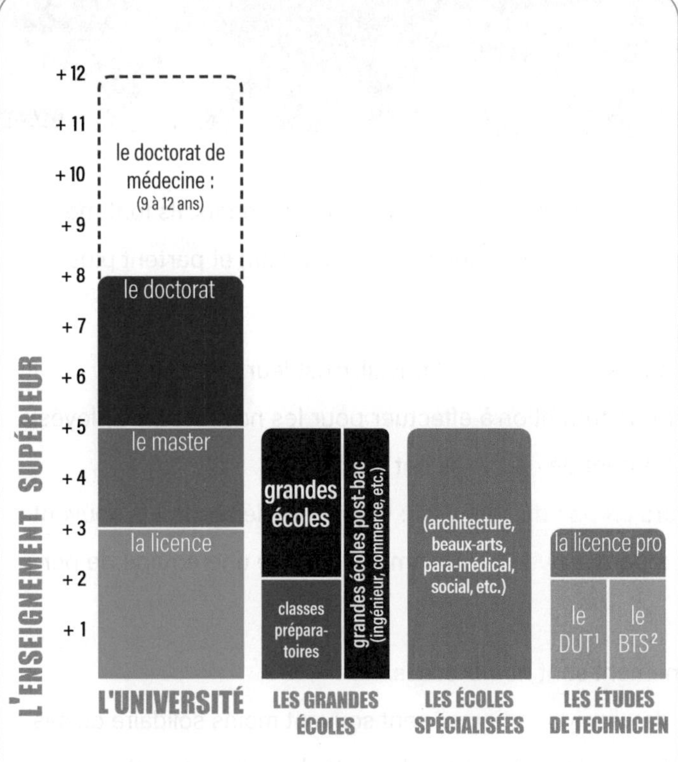

LE LYCÉE

(âge) le baccalauréat — le bac pro — le CAP³

(âge)	
17-18	la terminale
16-17	la première
15-16	la seconde

LE COLLÈGE

le brevet

14-15	la troisième
13-14	la quatrième
12-13	la cinquième
11-12	la sixième

L'ÉCOLE PRIMAIRE

10-11	le CM2
9-10	le CM1
8-9	le CE2
7-8	le CE1
6-7	le CP

1. DUT : 大学短期技術教育免状 2. BTS : 高等技師免状 3. CAP : 職業適性証書

Source : ministère de l'Éducation nationale, 2021

Doc 2 Avec quel diplôme les Français sortent-ils du système éducatif ?

フランスの教育制度のもとで教育を受けた人の最終学位・免許

		Total
11% BAC+2	37% BAC+3, +5, +8	48%
9% CAP	31% BACCALAURÉAT	40%
5% Aucun diplôme	7% BREVET	12%

D'après ministère de l'Education nationale, chiffres de 2018

Doc 3 Que font les lycéens après le bac ?

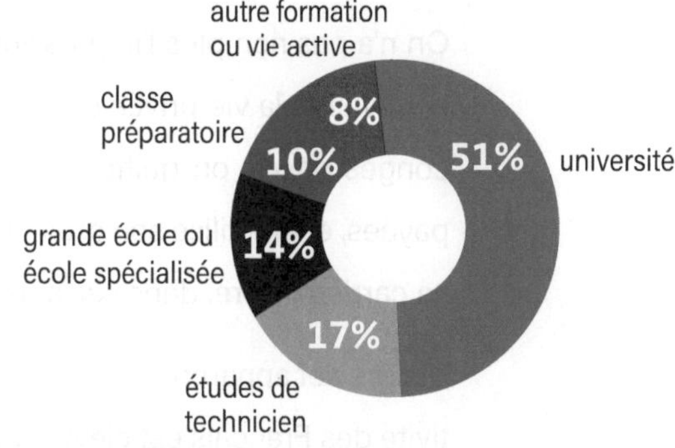

D'après ministère de l'Éducation nationale, chiffres de 2020

Doc 4 Dans quelles grandes écoles sont allés les présidents français ?

(2017-27) Emmanuel MACRON :	Sciences Po, ENA
(2012-17) François HOLLANDE :	Sciences Po, HEC, ENA
(2007-12) Nicolas SARKOZY :	Sciences Po
(1995-2007) Jacques CHIRAC :	Sciences Po, ENA
(1981-95) François MITTERRAND :	Sciences Po
(1974-81) Valéry GISCARD D'ESTAING :	Polytechnique, ENA
(1969-74) Georges POMPIDOU :	ENS, Sciences Po
(1959-69) Charles DE GAULLE :	Saint-Cyr

GRANDES ÉCOLES
ENA : フランス国立行政学院 ENS : パリ高等師範学校
HEC : パリ高等商業専門学校 Saint-Cyr : サン・シール陸軍士官学校
Sciences Po : パリ政治学院 Polytechnique : フランス理工科学校

LES PREMIERS MOTS

1 une entreprise :
2 un(e) employé(e) :
3 un(e) collègue :
4 un(e) supérieur(e) :
5 un patron :
6 une équipe :
7 un salaire :
8 un contrat :
9 un droit :
10 une formation :
11 une carrière :
12 la retraite :

THÈME 11

Le monde du travail

Les vendanges

Des pêcheurs

Des employées de bureau

Un ouvrier

Tout d'abord, il est vrai que les Français travaillent moins longtemps que les Japonais. Ils font moins d'heures par semaine, ont plus de congés payés (au moins cinq semaines par an) et partent plus tôt à la retraite (61 ans en moyenne en 2023).

Mais ce qui[1] différencie surtout les deux cultures en matière de[2] travail, c'est leur organisation.
D'une part, en France, il n'y a pas forcément de formation à effectuer pour les nouveaux employés, car le travail qu'ils vont faire dépend généralement de ce qu'[3] ils ont étudié.
D'autre part, ils ne commencent pas toujours en bas de l'échelle[4] : leur poste dépend plus souvent de leur diplôme que de leur ancienneté, et il peut arriver qu'[5] un employé dirige une équipe de personnes plus âgées que lui.

Les conséquences de ce mode de fonctionnement sont nombreuses.
Comme il y a un peu moins de possibilités de promotion[6], on se sent souvent moins solidaire de ses supérieurs ou de son patron que de personnes ayant le même type de poste dans d'autres entreprises. On n'a pas non plus l'impression d'être « marié » à son entreprise. Au contraire, on sépare clairement le travail et la vie privée en faisant valoir[7] ses droits et les clauses de son contrat : on utilise tous ses congés payés, on quitte son travail à l'heure, on demande que les heures supplémentaires soient[8] payées, et on utilise son droit de grève. Enfin, on hésite moins à changer d'entreprise pour faire évoluer sa carrière, voire, dans certains cas, à négocier son nouveau salaire.

Malgré cet apparent détachement[9] vis-à-vis de l'entreprise et un temps de travail plus court, la productivité des Français est élevée. Ce paradoxe s'explique par le fait que les heures de travail sont souvent intensives et que la pression des résultats est forte. Certains Français trouvent d'ailleurs leur travail stressant, car ils ont trop de choses à faire en[10] peu de temps. De plus en plus d'entreprises essayent donc de faciliter la vie des employés de diverses manières : activités relaxantes, salles de sport, crèches sur le lieu de travail et, surtout depuis l'épidémie de Covid-19, télétravail.

Le télétravail : une bonne ou une mauvaise chose ?

1 *ce qui ~ :* ～であるもの, こと(ce は関係節の主語)　**2** *en matière de ~ :* ～に関して　**3** *ce que ~ :* ～であるもの, こと(ce は関係節の直接目的語)　**4** *en bas de l'échelle :* 序列の下位に　**5** *il arrive que* + 接続法 : ～ということがある　**6** *promotion :* 昇進　**7** *faire valoir ~ :* ～を主張する, ～(権利など)を行使する　**8** *soient :* 動詞 être の接続法現在 (→ p.84)　**9** *détachement :* 無関心　**10** *en :* ～の間に(期間)

Exercices

Les mots-clés

Comment dit-on ~ en français ?

1 私生活 **2** 有給休暇 **3** テレワーク
4 契約、契約書 **5** 残業

la vie privée
le télétravail
un contrat
une heure sup
les congés payés

L'expression

名詞 à 不定詞 (des choses à faire)
～するべき、～するのに適した、～する予定の～

今私にはやらなければならない仕事がたくさんあり、また送らなければならないメールもいくつかあるが、明日は何もすることがない。

Maintenant, ...
....
....

LA COMPRÉHENSION

DAPF

1 Cochez les bonnes réponses. 正しい答えを選びなさい。

1. En général, les Français travaillent...
   - ☐ plus que les Japonais.
   - ☐ autant que les Japonais.
   - ☐ moins que les Japonais.
2. Par rapport aux Japonais, les Français ont...
   - ☐ plus de vacances.
   - ☐ autant de vacances.
   - ☐ moins de vacances.
3. La nature du travail d'un employé dépend principalement de...
   - ☐ son âge.
   - ☐ ses diplômes.
   - ☐ son ancienneté dans l'entreprise.
4. Certaines entreprises proposent aux employés...
   - ☐ des massages.
   - ☐ de travailler à la maison.
   - ☐ de réduire leur temps de travail.

2 Répondez. 本文の一部を使いながら、質問に答えなさい。

1. Pour un nouvel employé, quelles sont les deux principales différences avec le Japon ?
2. Citez quatre droits souvent utilisés par les employés.
3. Les employés français sont-ils productifs ?
4. Pourquoi certains employés français sont-ils stressés ?

LA GRAMMAIRE

比較級
le comparatif

1 形容詞・副詞の比較
plus / aussi / moins + 形容詞・副詞
ex Ils partent **plus** tôt à la retraite.

例外：~~plus bon(ne)~~ → meilleur(e) (形容詞)
~~plus bien~~ → mieux (副詞)

2 動詞の程度の比較 (beaucoup の比較級)
動詞 + plus / autant / moins
ex Ils travaillent **moins**.

3 名詞の量の比較
plus de / autant de / moins de + 名詞
ex Ils ont **plus de** vacances.

注意1：比較対象は **que** を使って表す。比較対象が明らかな場合、比較対象を表さないことがある。

注意2：2と3の用法では、plus [s]と発音する。

3 Comparez. 文中の表現を使って、比較の文を作りなさい。

1. Je fais beaucoup de télétravail. Pas toi !
   Tu fais
2. En ville, on trouve facilement du travail. Pas à la campagne.
   À la campagne, on trouve
3. Tu gagnes beaucoup d'argent. Lui, non.
   Tu gagnes
4. Il travaille très bien. Toi, non.
   Il travaille
5. Tu as un bon salaire. Lui, non.
   Tu as
6. Hier, j'ai fait deux heures supplémentaires. Eux aussi.
   J'ai fait

La distinction

fatigué(e)	≠	*fatigant(e)*
stressé(e)		*stressant(e)*
motivé(e)		*motivant(e)*
(主語)は～された		(主語)は～させる

En ce moment, je suis stress......... parce qu'il y a trop de choses à faire, alors c'est très fatig......... .

Je voudrais changer de vie, alors je cherche un travail moins stress......... et plus motiv......... .

Et vous ?

1. *Quel métier voulez-vous faire plus tard ?*
2. *Pour vous, quel est la chose la plus importante dans un travail ? (☛ Pour moi, le plus important, c'est de + 不定詞)*
3. *Aimeriez-vous travailler en France ?*
4. *Qu'est-ce qui vous a surpris(e) dans cette leçon ? (☛ Ce qui m'a surpris(e), c'est que...)*

Documents

Le saviez-vous ?

社会学者ジャン・ヴィアール（Jean Viard）によれば、学業の長期化、平均寿命の伸び、そして法制度の発展により、フランス人の平均生涯労働時間が一生の活動時間（起きている時間）に占める割合はわずか12%ほどになりました。この数字は20世紀初頭では40%、19世紀末では70%でした！ちなみに、労働を重視するアメリカでは16%です。

Doc 1 De quoi les Français sont-ils satisfaits dans leur travail ? (1〜2回答/人)

37% Je suis libre et autonome.
36% Mon métier est intéressant.
35% J'ai de bonnes conditions de travail (le lieu, les horaires, etc.).
27% J'aime les « relations humaines ».
25% J'ai un bon salaire.
20% J'ai l'impression d'être utile à la société.

D'après enquête IFOP, 2022

Doc 2 Les salariés français travaillent-ils beaucoup ?

年間労働時間の国別比較

le Mexique	2139 heures
la Corée	1967 heures
les États-Unis	1777 heures
l'OCDE (moyenne)	1743 heures
l'Italie	1715 heures
le Canada	1690 heures
le Japon	1644 heures
le Royaume-Uni	1537 heures
la France	1511 heures
la Suède	1452 heures
l'Allemagne	1383 heures

Source : OCDE, chiffres de 2019

Doc 3 À quel âge prend-on sa retraite en France et au Japon ?

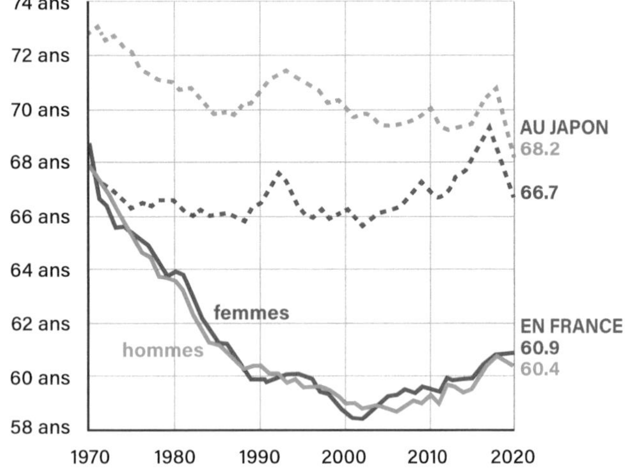

Source : OCDE

Doc 4 Les salariés français sont-ils productifs ?

労働1時間あたりの生産性(国内総生産への寄与)の国別比較

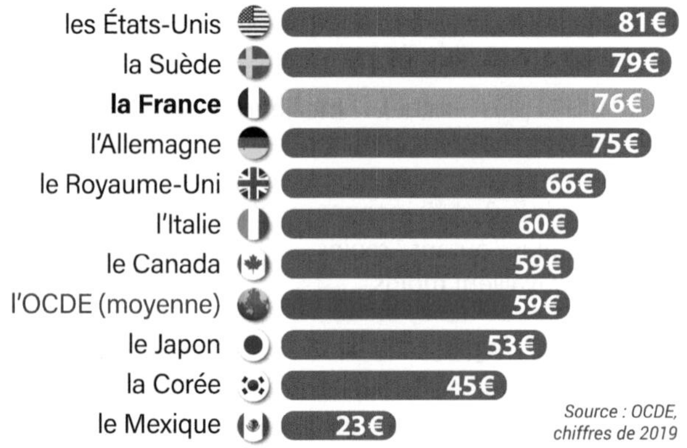

Source : OCDE, chiffres de 2019

Doc 5 Le statut des actifs selon l'âge

年齢別にみる労働者人口の雇用形態

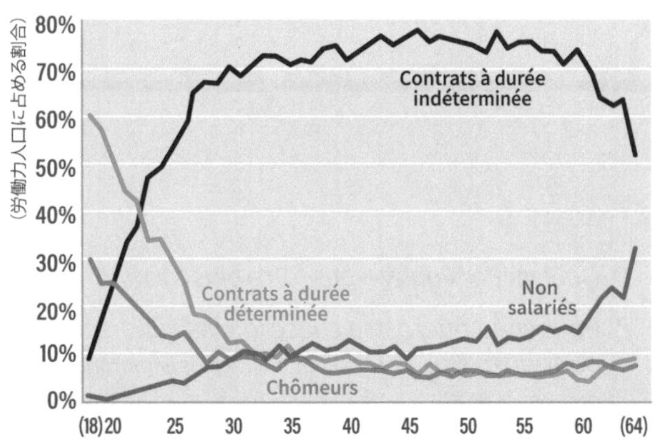

Source : ministère du Travail, chiffres de 2019

Doc 6 Des activités de détente organisées dans une entreprise

LES PREMIERS MOTS

1 la santé :
2 être malade :
3 avoir mal (à) :
4 se blesser :
5 un(e) médecin :
6 un(e) infirmier(ère) :
7 un(e) patient(e) :
8 un hôpital :
9 une ambulance :
10 un rendez-vous :
11 une pharmacie :
12 un médicament :

THÈME 12

La santé

▲ Un hôpital du XVe siècle (les Hospices de Beaune)
▼ et des « médicaments » d'époque...

Imaginez que vous êtes en France et que vous tombez malade ou que vous vous blessez. Que faire ?

Si vous avez très mal ou si c'est urgent, il faudra appeler le 15, numéro des urgences. Une ambulance vous conduira alors à l'hôpital si nécessaire. Sinon, vous devrez prendre rendez-vous chez un médecin généraliste (ou, dans certains cas, lui demander de venir chez vous).

Arrivé[1] chez le médecin, vous patienterez dans une salle d'attente éloignée du cabinet de consultation. Aucune infirmière ne viendra vous poser de questions devant les autres patients, car les Français sont pudiques et le secret médical est très important. Après vous avoir examiné, le médecin vous fera une ordonnance s'il pense que vous avez besoin de médicaments. À la fin de la consultation, vous paierez à peu près 25 euros.

Ensuite, il faudra aller à la pharmacie avec votre ordonnance. Le pharmacien ne vous donnera pas un nombre précis de cachets comme au Japon, car les médicaments sont vendus par boîtes entières. D'autre part, en partant, vous n'entendrez personne vous dire « soignez-vous bien », et c'est normal : en France, ce genre de formule n'est pas utilisé de manière systématique.

Le système de santé français est considéré comme très protecteur et plutôt égalitaire grâce à « la Sécurité sociale[2] », mais il est confronté aujourd'hui à deux problèmes.
D'abord, le nombre de médecins est insuffisant parce que les concours sont extrêmement sélectifs. On a donc de plus en plus de mal à obtenir un rendez-vous, et certains endroits sont parfois qualifiés de « déserts médicaux[3] ».
D'autre part, financer le système de protection universelle[4] est de moins en moins facile, car la France est, comme le Japon, un pays où[5] l'on vit très vieux. Le difficile enjeu[6] pour l'avenir sera donc de faire des économies tout[7] en maintenant la qualité des soins...

1 *arrivé(e) :* 動詞 arriver の過去分詞。主節の主語にかかる分詞構文となっている。「〜に着くと」 **2** *la Sécurité sociale :* 社会保障 **3** *désert médical :* 医療過疎地域 **4** *protection universelle :* 普遍的保護（保障） **5** *où :* 関係代名詞。先行詞が関係節で場所または時の状況補語として使われる場合に用いる **6** *enjeu :* 問題点・争点 **7** *tout :* ジェロンディフを強調する

La carte Vitale
(pour la Sécurité sociale)

Exercices

Comment dit-on ~ en français ?
1 医療過疎地域　2 普遍的保護（保障）
3 医療における秘密厳守　4 社会保障
5 緊急電話番号（救急）

Les mots-clés

le secret médical
un désert médical　le 15
la protection universelle
la Sécurité sociale

L'expression

avoir du mal à 不定詞
～するのが難しい、容易に～できない

夜なかなか寝付けない（s'endormir）。だから（alors）昼間（la journée）仕事に集中する（se concentrer sur ～）のが難しい。

Le soir, ...

....

....

LA GRAMMAIRE

直説法単純未来
le futur simple

1 活用

語幹：原形から r / re を除く
＋語尾（**-rai**, **-ras**, **-ra**, **-rons**, **-rez**, **-ront**）
ex prendre → je **prendrai**

例外：je **ser**ai (être) - tu **aur**as (avoir) - il **fer**a (faire) - elle **ir**a (aller) - nous **viendr**ons (venir) - vous **verr**ez (voir) - ils **pourr**ont (pouvoir) - elles **devr**ont (devoir) - je **saur**ai (savoir) - tu **voudr**as (vouloir)

2 用法

1. 未来の行為・状態、話し手の意志などを表す。
ex Elle **ira** peut-être chez le médecin demain.
ex J'espère qu'il n'**attrapera** pas la grippe.
2. Si＋直説法現在, 単純未来：「もし～なら、～だろう」
ex Si tu manges ça, tu **seras** malade !

LA COMPRÉHENSION

DAPF

1 Ces informations sur la santé en France sont-elles dans le texte ? 本文にある情報はどれですか？
（※選択肢の情報はすべて正しい）

- ☐ 1. Dans certains cas, votre médecin viendra chez vous.
- ☐ 2. Le secret médical doit être strictement respecté.
- ☐ 3. Les concours de médecine sont très difficiles.
- ☐ 4. Il n'y a pas assez de médecins dans certaines régions.
- ☐ 5. En France, l'espérance de vie est élevée.
- ☐ 6. Un médecin n'a pas le droit de refuser de soigner une personne qui est en danger.

2 Répondez. 本文の一部を使いながら、質問に答えなさい。

1. Que faut-il faire quand on a besoin d'un médecin ?
2. À la pharmacie, quelle est la principale différence avec le Japon ?
3. Le système de santé protège-t-il bien les Français ?
4. Quelles sont les deux principales difficultés du système de santé actuel ?

3 Conjuguez le verbe. 動詞を直説法単純未来に活用させなさい。

1. Peut-être que vous (guérir) rapidement.
2. La fièvre (熱) ne (baisser) pas tout de suite.
3. Je pense que tu n' (avoir) plus mal aux dents demain.
4. Si j'ai trop mal, j' (aller) chez le dentiste.
5. Elle est à l'hôpital et (être) opérée dans deux jours.
6. Vous (faire) une analyse de sang le mois prochain.
7. Si ça va mieux demain, tu (pouvoir) sortir de l'hôpital.
8. Si tu prends ce médicament, tu (se sentir) mieux.
9. J'espère qu'il ne (se blesser) pas !

être en forme ≠ *être en bonne santé*
元気だ、活力がある　健康だ

La distinction

En ce moment, je ne suis pas ....
Je suis fatiguée et j'ai souvent mal à la tête.
Mais j'ai fait des analyses et tout va bien :
le médecin m'a dit que je suis .... !

Et vous ?

1. *Êtes-vous souvent malade ? Que faites-vous quand vous êtes malade ?*
2. *Avez-vous parfois mal à la tête ? Que faites-vous quand vous avez mal à la tête ?*
3. *Vous êtes-vous blessé(e) ? En faisant quoi ? Avez-vous été hospitalisé(e) ? Avez-vous été opéré(e) ?*
4. *Qu'est-ce qui vous a surpris(e) dans cette leçon ?*
(☛ Ce qui m'a surpris(e), c'est que...)

Documents

Le saviez-vous ?

Jeanne Calment

アメリカ人は、高脂質の食品を食べ、お酒をたくさん飲むと評判のフランス人になぜ心疾患が少ないのか不思議に思っています。彼らはこの現象を「フレンチパラドックス」と呼んでいます。これまで赤ワインの摂取がその主な要因とされてきましたが、現在では、動物性脂肪が少なく、植物性脂肪を多く含む地中海食に関係があると考えられています。これは史上最高齢の122歳で亡くなったジャンヌ・カルマンのような、長寿のフランス人がいることの説明にもなるかもしれません。

Doc 1 Selon les Français, que faut-il faire en priorité pour rester en bonne santé ? (1〜2回答/人)

Il faut en priorité :

Faire une activité physique 1h par jour	34%
Boire au moins 1,5 litre d'eau par jour	28%
Manger plus de fruits et de légumes	25%
Manger moins de sel ou moins de sucre	24%
Dormir 8h par jour	22%
Arrêter de fumer	19%
Manger moins de viande, de produits gras	16%
Boire moins d'alcool	8%
Arrêter de boire de l'alcool	7%
Fumer moins	6%

D'après enquête Odoxa, 2019

Doc 2 Les Français vivent-ils longtemps ?

平均寿命の国別比較

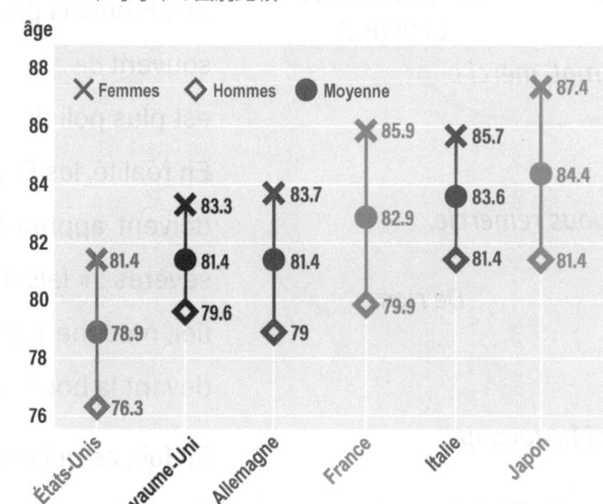

Source : OCDE, chiffres de 2019

Doc 3 La santé coûte-t-elle cher en France ?

OECD加盟国における住民1人当たりの年間医療支出額

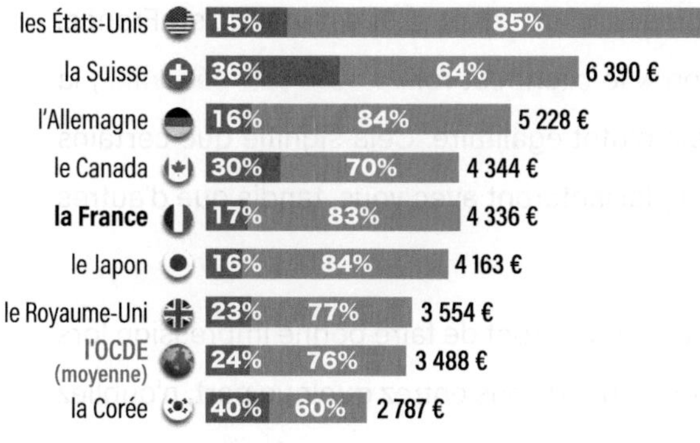

データの金額（通貨単位ドル）をユーロに換算

Source : OCDE, chiffres de 2018 ou 2019

Doc 4 Que faut-il payer quand on va chez le médecin ?

	Le prix 費用（平均）	Payé par l'assurance maladie 基礎医療保険による払い戻し	Payé par l'assurance complémentaire 補足医療保険による払い戻し	Il reste à payer 自己負担額
Une consultation (médecin généraliste) 一般医診療	25 €	17,50 €	6,50 €	1 €
Une consultation (médecin spécialiste) 専門医診療	60 €	15 €	30 €	15 €
Une couronne dentaire クラウン（人工歯冠）治療	475 €	75 €	135 €	265 €

D'après Le Parisien, 2020

Doc 5 Le nombre de médecins pour 100 000 habitants

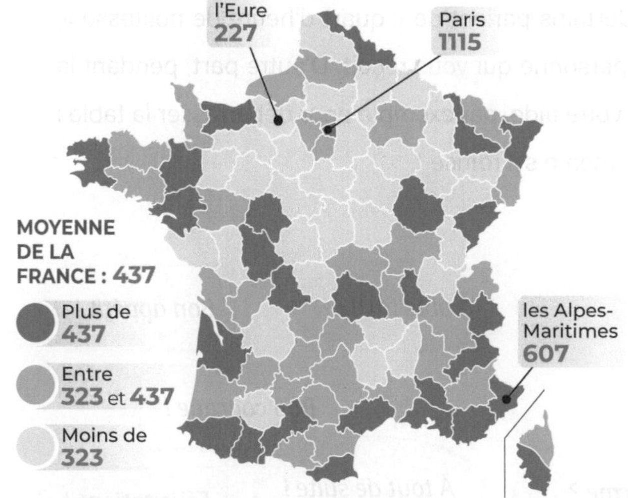

Source : Conseil national de l'Ordre des médecins, 2018

Doc 6 Les Français et la téléconsultation : pouvez-vous envisager de téléconsulter dans les situations suivantes ?

	Oui
lorsque je suis loin de chez moi.	74%
lorsque mon médecin habituel est absent.	71%
pour un problème qui me semble peu grave.	70%
pour obtenir un deuxième avis médical.	53%
pour un problème qui me semble grave.	28%

D'après enquête Harris interactive, 2020

THÈME **13**

La politesse

LES PREMIERS MOTS

1 poli(e) / impoli(e) :
2 une règle :
3 sévère :
4 un comportement :
5 déranger :
6 faire du bruit :
7 être en retard :
8 choquer :
9 un(e) client(e) :
10 un(e) employé(e) :
11 un(e) vendeur(euse) :
12 un(e) serveur(euse) :

Les Français peuvent parfois paraître impolis aux visiteurs japonais, mais il s'agit[1] souvent de simples[2] différences culturelles : en France, on trouve par exemple qu'il est plus poli de se moucher que de renifler !
En réalité, les Français sont plutôt stricts avec la politesse. Même les petits enfants doivent apprendre très tôt les règles des adultes et leurs parents sont parfois sévères : « fais moins de bruit ! », « ne dérange pas les autres ! », « arrête de renifler, mouche-toi ! », « ne parle pas la bouche pleine[3] ! », ou encore « mets ta main devant la bouche quand tu tousses ! » sont des reproches souvent entendus.

En fait, ce qui choque le plus[4] les voyageurs japonais, c'est plutôt le comportement des employés dans les magasins et les administrations[5]. Il est vrai qu'en France, la réalité est assez éloignée du dicton « le client est roi » : de façon générale[6], la relation entre l'employé et le client est plutôt égalitaire. Cela signifie que certains vendeurs ou serveurs bavarderont ou plaisanteront avec vous, tandis que d'autres seront assez froids...

Voici à présent divers conseils qui vous permettront de faire bonne impression lors de votre futur séjour en France. D'abord, quand vous entrez quelque part, n'oubliez pas de tenir la porte pour la personne qui vient derrière vous et, si vous entrez dans un magasin, n'oubliez pas de dire bonjour. Ensuite, évitez de dormir en présence de quelqu'un, surtout en cours, devant un professeur ! Si jamais[7] vous êtes invité à dîner, n'arrivez pas les mains vides et ne vous dépêchez pas pour arriver à l'heure, voire en avance : quand on est invité chez quelqu'un, avoir quelques minutes de retard est normal. Certains parlent de « quart d'heure de politesse », car cela arrangera peut-être la personne qui vous reçoit. D'autre part, pendant la soirée, n'hésitez pas à proposer votre aide, par exemple pour débarrasser la table : votre hôte appréciera sûrement, même s'il refuse !

1 *il s'agit de ~ :*（既出の話題について）それは～である　**2** *simple :* 単なる　**3** *parler la bouche pleine :* 食べ物をほおばりながらしゃべる　**4** *le plus :* beaucoup の優等最上級　**5** *administration :* 行政機関　**6** *de façon générale :* 一般に　**7** *si jamais ~ :* もし~なら

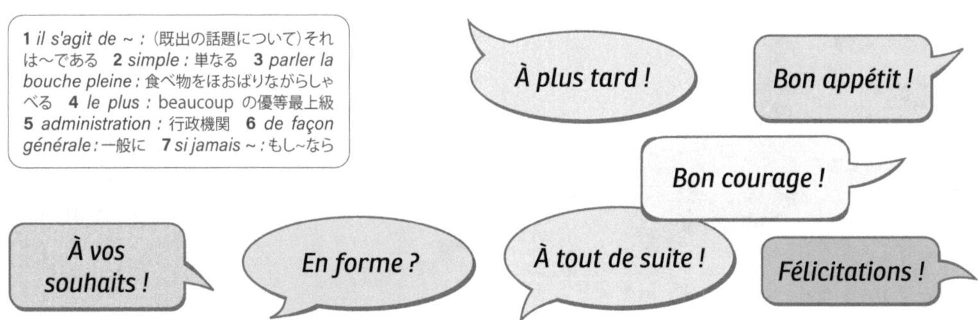

Exercices

Les mots-clés

Comment dit-on ~ en français ?

1 あいさつする **2** 扉を押さえておく
3 鼻をすする **4** 時間通りに・定刻に着く
5 １５分遅れる礼儀（ルール）

dire bonjour
arriver à l'heure renifler
tenir le quart d'heure
la porte de politesse

L'expression

Puis-je 不定詞 ?
～してもいいですか？

先生すみません、今いくつか（quelques）質問してもいいでしょうか？もし無理なら（si-non）、明日先生にお会い（voir）できますか？

Excusez-moi monsieur, ……………………

……………………………………

……………………………………

LA COMPRÉHENSION

DAPF

1 Vrai ou faux ? 正誤問題。答えに関係する文を本文から抜き出しなさい。

1. Les règles de politesse sont universelles.
   ☐ VRAI ☐ FAUX
2. En France, il est impoli de renifler devant les autres.
   ☐ VRAI ☐ FAUX
3. Le rapport entre employé et client est très différent des rapports normaux entre deux personnes.
   ☐ VRAI ☐ FAUX
4. Il ne faut pas dormir pendant les cours.
   ☐ VRAI ☐ FAUX

2 Répondez. 本文の一部を使いながら、質問に答えなさい。

1. Qu'est-ce que les enfants apprennent à faire ou à ne pas faire ?
2. Pourquoi l'attitude des employés français est-elle parfois surprenante pour les Japonais ?
3. Que conseille-t-on de faire quand on entre quelque part ?
4. Que vaut-il mieux faire quand on est invité chez des Français ?

LA GRAMMAIRE

命令法
l'impératif

1 活用

直説法現在から主語を除く。ただし tu に対する命令で、活用が -es で終わる場合、語尾の s を除く。

ex (parler) tu parles, nous parlons, vous parlez
→ parle, parlons, parlez

例外：(être) sois, soyons, soyez
(avoir) aie, ayons, ayez
(savoir) sache, sachons, sachez
(aller) va, allons, allez

2 注意点

1. 否定命令文は禁止の意味になる。
   ex Ne parle pas !
2. 肯定命令文では、目的語人称代名詞、中性代名詞、再帰代名詞を動詞の後ろに置き、ハイフンでつなぐ。
   ex Tu te tais → Tais-toi ! (Ne te tais pas !)

3 Mettez à l'impératif. （ ）内の主語に対する命令文を作りなさい。

1. parler moins fort (tu)
   , s'il te plaît.
2. dire merci à Pierre (tu)
3. ne pas être en retard (vous)
   , s'il vous plaît.
4. se lever (tu)
   , s'il te plaît.
5. ne pas se disputer avec les autres (tu)
6. s'asseoir (vous, 活用：vous vous asseyez)
   Je vous en prie,

La distinction

命令法 s'il vous plaît. ≠ *Pourriez-vous* 不定詞 ?
（命令/丁寧な指示）（丁寧な依頼）

1. すみません、手伝っていただけますか？
   ……………………………………
2. ここで少し（un moment）待ってください。
   ……………………………………
3. 並んで（faire la queue）いただけますか？
   ……………………………………

Et vous ?

1. *Personnellement, pensez-vous que vous êtes très poli(e), assez poli(e), pas très poli(e) ou pas poli(e) du tout ?*
2. *Quand vous étiez enfant, qu'avez-vous appris à faire (ou à ne pas faire) ?*
3. *Quelles règles de politesse trouvez-vous inutiles ?*
4. *Qu'est-ce qui vous a surpris(e) dans cette leçon ?*
   (☛ Ce qui m'a surpris(e), c'est que...)

LES PREMIERS MOTS

1 une conversation :
2 bavarder :
3 dire :
4 réfléchir :
5 poser une question :
6 répondre :
7 une réponse :
8 un avis / une opinion :
9 être froid(e) :
10 un silence :
11 une information :
12 un malentendu :

THÈME **14**

La conversation

Il ne suffit pas de maîtriser la langue pour éviter les malentendus dans une conversation avec un Français : il est aussi utile de connaître certaines différences culturelles.

Voici d'abord deux conseils pour ne pas déstabiliser votre interlocuteur français.
Pour commencer, essayez de ne pas répondre trop brièvement à ses questions. Si vous le faites[1], il aura l'impression que vous n'avez pas envie de lui parler ! Pour ne pas paraître froid, donnez-lui donc plus d'informations. Par exemple, s'il vous demande : « Est-ce que vous travaillez ? », vous pouvez lui répondre : « Non, pas en ce moment, mais avant je travaillais dans un café... ».
Évitez aussi les longs silences. Alors qu'[2] au Japon, un blanc signifie souvent qu'on réfléchit, en France il est plutôt interprété comme un refus de parler et met donc les gens très mal à l'aise[3] ! Quand un Français ne comprend pas la question de son interlocuteur ou n'en[4] connaît pas la réponse, il le[5] lui dit tout de suite. Et s'il a besoin de réfléchir, il évite souvent les silences en « meublant[6] », c'est-à-dire en disant n'importe quoi (par exemple « euh... », « en fait... », « comment dire... », etc.) pour gagner du temps.

Vous aussi, vous serez sans doute déstabilisé en parlant avec un Français.
Par exemple, si[7] les Japonais, par modestie, préfèrent poser des questions à leur interlocuteur, les Français hésitent moins à parler d'eux-mêmes. Ce n'est pas forcément de l'égoïsme : se livrer[8] est aussi une manière de se rapprocher de l'autre et de l'inviter à faire de même[9] !
D'autre part, ne soyez pas choqué si votre interlocuteur vous coupe la parole[10] : en principe, ce n'est pas poli, mais cela peut arriver dans un échange spontané entre amis et c'est en quelque sorte[11] un signe d'intérêt pour la conversation.
Ne le prenez pas mal[12] non plus si jamais[13] il vous contredit. Cela ne signifie pas qu'il ne vous respecte pas. Pour beaucoup de Français, débattre est l'un des[14] principaux plaisirs de l'échange et ils ont donc tendance à donner directement leur avis. D'ailleurs, il arrive que[15] votre interlocuteur se contredise lui-même en cours de[16] conversation ! Ne croyez pas qu'il dit n'importe quoi : il réfléchit à voix haute et vous assistez en direct à[17] l'évolution de sa pensée...

Les SMS et **le chat** sur les réseaux sociaux, un langage à part...

1. bjr
2. slt cv ?
3. jsp
4. G faim
5. C super
6. je T'M
7. keske tu fais ?
8. koi29 ?

1 *le faire :* (既出の動詞に代わり)それを行う　**2** *alors que ~ :* ～に対して, ～なのに　**3** *mettre ~ mal à l'aise :* ～を気まずくさせる　**4** *en :* 中性代名詞 (→ p.78)　**5** le *:* 中性代名詞 (→ p.61)　**6** *meubler :* 間を持たせる　**7** *si ~ :* ～ではあるが(対立・比較・譲歩)　**8** *se livrer :* 胸の内を明かす, 打ち解ける　**9** *(faire) de même :* 同様に(する)　**10** *couper la parole (à ~) :* (～の)話を遮る　**11** *en quelque sorte :* いわば　**12** *le prendre mal :* それを悪くとる　**13** *si jamais ~ :* もし～なら　**14** *l'un(e) de +* 名詞 *:* = un(e) de + 名詞　**15** *Il arrive que +* 接続法 *:* ～ということがある　**16** *en cours de ~ :* ～の途中で　**17** *assister en direct à ~ :* リアルタイムで～に立ち会う

Exercices

Les mots-clés

Comment dit-on ~ en français ?
1 話を遮る　2 意見を言う　3 ～に反論する
4 間を持たせる　5 議論する

meubler débattre donner son avis contredire couper la parole

n'importe 疑問詞
～でも（なんでも、誰でも、どこでも、etc.）

L'expression

彼はとても感じがよい（agréable）。誰とでもどんなことでも話せる（parler de）。そしてどんな質問にも率直に（franchement）答える。

Il est ....

....

....

LA COMPRÉHENSION

DAPF

1 Vrai ou faux ? 正誤問題。答えに関係する文を本文から抜き出しなさい。

1. Les Français donnent des réponses très courtes.
☐ VRAI　☐ FAUX
2. Les Français préfèrent meubler pour ne pas rester silencieux.
☐ VRAI　☐ FAUX
3. Les Français disent très peu de choses sur eux-mêmes.
☐ VRAI　☐ FAUX
4. Pour les Français, il n'est pas impoli de se couper la parole.
☐ VRAI　☐ FAUX
5. Les Français sont toujours d'accord avec leur interlocuteur.
☐ VRAI　☐ FAUX

2 Répondez. 本文の一部を使いながら、質問に答えなさい。

1. Citez deux comportements qu'il vaut mieux éviter quand vous discutez avec des Français.
2. Citez trois comportements que les Français ont (un peu) plus souvent que les Japonais.

LA GRAMMAIRE

人を受ける直接目的語・間接目的語人称代名詞
les pronoms compléments (personnes)

1 直接目的語人称代名詞

me (m'), te (t'), le (l'), la (l'), nous, vous, les

ex Je t'aime.

ex Je la connais bien.

2 間接目的語人称代名詞（à + 人）

me (m'), te (t'), lui, nous, vous, leur

ex Elle leur pose rarement des questions.

ex Je vais lui parler.

注意1：à以外の前置詞＋人の場合、強勢形（**moi, toi, lui, elle, nous, vous, eux, elles**）を使う。

ex Je discute avec elle mais jamais avec lui.

注意2：penser à ~（～を思う・～のことを考える）はà以下に人が来る場合、à＋強勢形となる。

ex Je pense souvent à eux.

3 Remplacez par un pronom. 下線部の語句を代名詞（または前置詞＋代名詞）にし、全文書き直しなさい。

1. Eri aime beaucoup sa mère, alors elle bavarde souvent avec sa mère. **2.** Quand sa mère pose des questions personnelles à Eri, elle dit toujours la vérité à sa mère. **3.** Par contre, son père n'est jamais là, alors elle parle rarement avec son père. **4.** En fait, elle ne connaît pas bien son père.

....

....

....

5. Quand il n'est pas d'accord avec ses amis, il ne donne jamais directement son avis à ses amis. **6.** Il ne veut pas contredire ses amis. **7.** Il n'aime pas débattre avec ses amis. **8.** Il ne coupe jamais la parole à ses amis. **9.** En fait, il n'aime pas mettre ses amis mal à l'aise.

....

....

....

La distinction

parler de 名詞 ≠ **dire** 名詞・**que** 節
（～について）話す　～を言う・～と言う

Il ne .... jamais de lui parce qu'il ....
qu'il ne faut pas .... de sa vie privée.
Pourtant, quand il .... des autres,
il .... souvent des choses personnelles !
D'ailleurs, il .... souvent des bêtises...

Et vous ?

1. *Êtes-vous bavard(e) ? De quoi aimez-vous parler ?*
2. *Coupez-vous souvent la parole à vos amis ? Les contredisez-vous parfois ?*
3. *Dans une conversation, quel genre de situation vous met mal à l'aise ? (☛ Je suis mal à l'aise quand...)*
4. *Qu'est-ce qui vous a surpris(e) dans cette leçon ? (☛ Ce qui m'a surpris(e), c'est que...)*

Dix fêtes traditionnelles

La fête des rois

Au début de janvier,
on mange la galette des rois,
et celui ou celle qui trouve la fève
devient le roi ou la reine.

La chandeleur

Au début de février,
on mange des crêpes.

Mardi Gras (le Carnaval)

En février,
on se déguise
et il y a beaucoup de fêtes
et de traditions locales.

« Poisson d'avril ! »

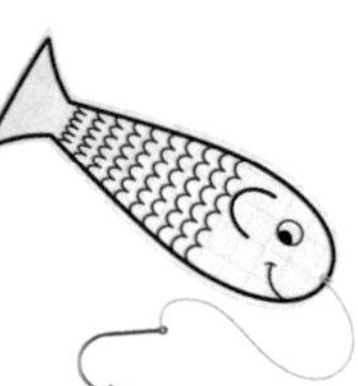

Le premier avril,
on fait des farces à ses amis
et les médias donnent parfois
des informations bizarres...

Pâques

Un dimanche d'avril,
les enfants cherchent
des œufs en chocolat
cachés dans le jardin.

La fête du travail

Le 1er mai,
on offre du muguet
et les syndicats défilent dans la rue.

La fête de la Musique

Le 22 juin,
les musiciens amateurs
jouent dans la rue.

La fête nationale

Le 14 juillet,
on danse
dans les bals
et on regarde
des feux d'artifice.

Noël

Le soir du 24 ou le 25 décembre,
on fait un très bon repas
avec toute la famille
et on dépose des cadeaux
sous le sapin.

Le Nouvel An

Le soir du 31 décembre,
on fait la fête avec ses amis ou sa famille
et on se couche très tard.

2. MANIÈRES DE PENSER

La flamme du soldat inconnu

Paris occupé par l'armée allemande (1940)

LES PREMIERS MOTS

1 la mémoire :
2 l'histoire :
3 un siècle :
4 un évènement :
5 une guerre :
6 une révolte :
7 une évolution :
8 le début :
9 la fin :
10 avoir lieu :
11 oublier :
12 influencer :

THÈME **15**

La mémoire collective

Pour mieux comprendre la société française, il est utile de connaître quelques épisodes historiques qui influencent encore, consciemment ou non, les mentalités et les comportements actuels.

La prise de la Bastille (1789)

Il y a bien sûr d'abord la Révolution de 1789. Les Français coupent la tête de leur roi, proclament la République et rédigent la Déclaration des droits de l'homme : ils naîtront désormais « libres et égaux en droits ». Ils prononcent pour la première fois les trois mots « Liberté, Égalité, Fraternité », qui sont aujourd'hui la devise de la France. Cette révolution, dont ils sont fiers et qu'ils célèbrent chaque 14 juillet, a influencé le monde.

Au XXe siècle ont lieu deux guerres mondiales, qui déchirent l'Europe et dont les Français n'ont pas oublié l'horreur. Ils savent que pour pouvoir construire une paix durable, il faudra une Europe unie. Ils se souviennent aussi que lors de la Seconde Guerre mondiale, le gouvernement français a collaboré avec l'occupant allemand. Cette expérience, qui a opposé collabos[1] et résistants[2], a sans doute accentué une certaine défiance[3] vis-à-vis de l'autorité.

L'année 1962 marque la fin de la décolonisation. Cependant, la France conserve un lien particulier avec ses anciennes colonies : leurs nouvelles relations, qu'elles soient[4] économiques, culturelles ou humaines, sont complexes et ambigües. Ce passé explique en partie la diversité ethnique et culturelle de la France d'aujourd'hui et continue à influencer le rapport des Français à l'immigration.

Le magazine *Le Monde*

Enfin, Mai 68 marque une étape importante dans l'évolution des mentalités. Il s'agit notamment d'une révolte de la jeunesse contre une société qu'elle juge trop conservatrice et liberticide. C'est le début d'une grande libération des mœurs[5] dont on voit encore aujourd'hui les effets, par exemple sur la structure familiale traditionnelle.

L'évolution de l'empire colonial français entre le XVIe et le XIXe siècle

le premier empire colonial (et les colonies éphémères) XVIe-XVIIIe siècle

le second empire colonial XIXe-XXe siècle

La liste n'est pas complète, mais pour bien comprendre les prochaines leçons, il faudra se souvenir plus particulièrement de ces évènements car ils ont contribué à modeler[6] une pensée collective.

1 *collabo* : (第2次世界大戦中の) 対独協力者 **2** *résistant* : (第2次世界大戦中の) 対独レジスタンス **3** *défiance* : 不信 **4** *qu'elles soient ~ ou ~* : それ (les nouvelles relations) が～であれ～であれ **5** *libération des mœurs* : 社会道徳の解放 **6** *modeler ~* : ～を形成する

Exercices

Comment dit-on ~ en français ?
1 植民地　2 5月革命　3 フランス革命
4 レジスタンス　5 人権

Les mots-clés

Mai 68 la Révolution française une colonie les droits la Résistance de l'homme

L'expression

se souvenir de 名詞 / que 節
〜を覚えている

祖父は5月革命のデモ (les manifestations) をよく覚えている。この出来事のおかげで、フランス社会の中で多くのことが変わったことも覚えている。

Mon grand-père ....
.... *grâce à cet évènement,*
....

LA GRAMMAIRE

関係代名詞 qui, que, dont
les pronoms relatifs

1 qui
先行詞が関係節の主語である場合に用いる。
ex C'est une guerre **qui** déchire l'Europe.
(← cette guerre déchire l'Europe)

2 que
先行詞が関係節の動詞の直接目的語である場合に用いる。
ex Cette révolution, **qu'**on célèbre le 14 juillet, a influencé le monde. (← on célèbre cette révolution)

3 dont
先行詞が関係節で前置詞 de を伴う場合に用いる。
ex Cet évènement, **dont** ils sont fiers, a influencé le monde. (← ils sont fiers de cet évènement)

LA COMPRÉHENSION

DAPF

1 Reliez les thèmes aux évènements.
関連するものを線で結びなさい。(複数解答あり)

1. la transformation du modèle familial •
2. le mélange des cultures •
3. la libération des mœurs •
4. l'union des pays d'Europe •
5. l'égalité entre les citoyens •
6. la méfiance à l'égard du pouvoir •

est en partie la conséquence de

• *la Révolution*
• *l'empire colonial*
• *Mai 68*
• *la Seconde Guerre mondiale*

2 Répondez. 本文の一部を使いながら、質問に答えなさい。

1. Que s'est-il passé pendant la Révolution française ?
2. Pourquoi l'expérience de la Seconde Guerre mondiale a-t-elle accentué la méfiance des Français vis-à-vis du pouvoir ?
3. Les relations de la France avec ses anciennes colonies sont-elles simples ?
4. Pourquoi dit-on que Mai 1968 a changé les mentalités ?

3 Complétez. 適切な関係代名詞を入れなさい。

1. C'est un évènement ______ les Français connaissent bien.
2. Ce livre parle d'un évènement ______ je me souviens bien.
3. Ce film, ______ raconte la guerre de 1870, a un grand succès.
4. J'ai un ami ______ le grand-père était un résistant célèbre.
5. Le documentaire ______ elle regarde parle de la colonisation.
6. Comment s'appelle l'historien ______ tu m'as parlé hier ?
7. Mai 68 est une petite révolution ______ était nécessaire pour certains, mais ______ d'autres critiquent.
8. La création de l'Union européenne est aussi un évènement ______ a changé la vie des Français.

La distinction

connaître ≠ *savoir*
〜を知っている (+ 名詞)　〜と知っている (+ que / 疑問詞 + 節)

\- Vous .... Mai 68 ?
\- Je .... le nom, et je .... que c'était un évènement important en France, mais je ne .... pas pourquoi.

Et vous ?

1. *Vous intéressez-vous à l'histoire ?*
2. *Avant de lire ce texte, connaissiez-vous un peu l'histoire de France ? Par exemple, que saviez-vous ?*
   (☛ 半過去: *je savais, je connaissais...*)
3. *D'après vous, quels épisodes de l'histoire japonaise ont une influence sur les mentalités actuelles ?*
4. *Qu'est-ce qui vous a surpris(e) dans cette leçon ?*
   (☛ *Ce qui m'a particulièrement surpris(e), c'est que...*)

Documents

Le saviez-vous ?

フランスはいつから「フランス」になったのでしょうか？王政の時代には、5世紀末のフランク人によるフランス征服が国家の起源とされていました。このゲルマン民族がキリスト教の王による最初の王朝を築いたからです。19世紀には、より「土着」の先祖をフランスの起源として求めるようになりました。当時、フランク人より以前（紀元前6世紀頃）から存在していたケルト諸部族のガリア人は申し分のない候補でした。しかし今日の歴史家たちは現代フランスの起源をある特定の民族にではなく、むしろローマ文明に求めるべきだとしています。ローマ文明は1世紀から5世紀の間、ガリアに浸透し、あらゆる分野においてその痕跡を残しているからです。

Doc 1 Quelques dates clés pour mieux comprendre la France d'aujourd'hui

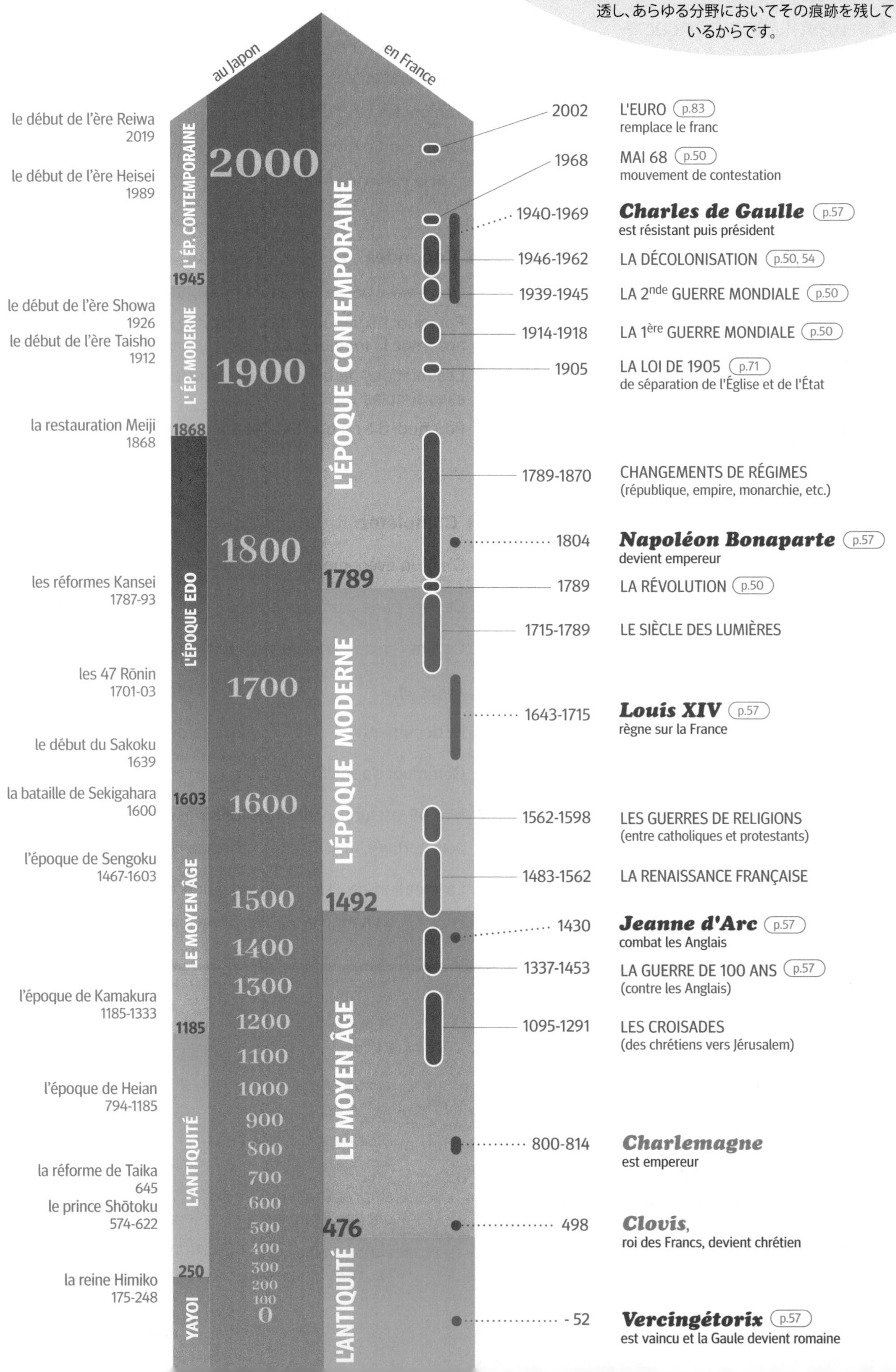

au Japon / en France

au Japon

L'ÉP. CONTEMPORAINE (1945–)	le début de l'ère Reiwa	2019
	le début de l'ère Heisei	1989
L'ÉP. MODERNE (1868–1945)	le début de l'ère Showa	1926
	le début de l'ère Taisho	1912
	la restauration Meiji	1868
L'ÉPOQUE EDO (1603–1868)	les réformes Kansei	1787-93
	les 47 Rōnin	1701-03
	le début du Sakoku	1639
LE MOYEN ÂGE (1185–1603)	la bataille de Sekigahara	1600
	l'époque de Sengoku	1467-1603
	l'époque de Kamakura	1185-1333
L'ANTIQUITÉ (250–1185)	l'époque de Heian	794-1185
	la réforme de Taika	645
	le prince Shōtoku	574-622
YAYOI (–250)	la reine Himiko	175-248

2000 · 1900 · 1800 · 1700 · 1600 · 1500 · 1400 · 1300 · 1200 · 1100 · 1000 · 900 · 800 · 700 · 600 · 500 · 400 · 300 · 200 · 100 · 0

en France

L'ÉPOQUE CONTEMPORAINE (1789–)	2002	L'EURO (p.83) remplace le franc
	1968	MAI 68 (p.50) mouvement de contestation
	1940-1969	***Charles de Gaulle*** (p.57) est résistant puis président
	1946-1962	LA DÉCOLONISATION (p.50, 54)
	1939-1945	LA 2nde GUERRE MONDIALE (p.50)
	1914-1918	LA 1ère GUERRE MONDIALE (p.50)
	1905	LA LOI DE 1905 (p.71) de séparation de l'Église et de l'État
	1789-1870	CHANGEMENTS DE RÉGIMES (république, empire, monarchie, etc.)
	1804	***Napoléon Bonaparte*** (p.57) devient empereur
	1789	LA RÉVOLUTION (p.50)
L'ÉPOQUE MODERNE (1492–1789)	1715-1789	LE SIÈCLE DES LUMIÈRES
	1643-1715	***Louis XIV*** (p.57) règne sur la France
	1562-1598	LES GUERRES DE RELIGIONS (entre catholiques et protestants)
	1483-1562	LA RENAISSANCE FRANÇAISE
LE MOYEN ÂGE (476–1492)	1430	***Jeanne d'Arc*** (p.57) combat les Anglais
	1337-1453	LA GUERRE DE 100 ANS (p.57) (contre les Anglais)
	1095-1291	LES CROISADES (des chrétiens vers Jérusalem)
	800-814	***Charlemagne*** est empereur
	498	***Clovis***, roi des Francs, devient chrétien
L'ANTIQUITÉ (–476)	- 52	***Vercingétorix*** (p.57) est vaincu et la Gaule devient romaine

Doc 2 3 célèbres représentations historiques et 3 questions

1 Ce célèbre tableau d'Eugène Delacroix intitulé « La Liberté guidant le peuple » représente une révolution en France. Est-ce la révolution de 1789 ?

2 Astérix et Obélix, célèbres personnages de BD, représentent pour les Français « leurs ancêtres », les Gaulois. Leur ressemblent-ils vraiment ?

3 Ces peintures, réalisées il y a 20 000 ans, se trouvent dans une grotte à Lascaux. Mais la grotte que les touristes visitent est-elle la vraie grotte ?

Doc 3 La Déclaration des droits de l'homme et du citoyen (1789)

DÉCLARATION DES DROITS DE L'HOMME ET DU CITOYEN,

Décretés par l'Assemblée Nationale dans les séances des 20, 21, 23, 24 et 26 août 1789, acceptés par le Roi

PRÉAMBULE

LES représentans du peuple François constitués en assemblée nationale, considérant que l'ignorance, l'oubli ou le mépris des droits de l'homme sont les seules causes des malheurs publics et de la corruption des gouvernemens, ont résolu d'exposer dans une déclaration solemnelle, les droits naturels, inaliénables et sacrés de l'homme: afin que cette déclaration, constamment présente à tous les membres du corps social, leur rappelle sans cesse leurs droits et leurs devoirs; afin que les actes du pouvoir législatif et ceux du pouvoir exécutif, pouvant être à chaque instant comparés avec le but de toute institution politique, en soient plus respectés; afin que les réclamations des citoyens, fondées désormais sur des principes simples et incontestables, tournent toujours au maintien de la constitution et du bonheur de tous.

EN conséquence, l'assemblée nationale reconnoit et déclare, en présence et sous les auspices de l'Etre suprême les droits suivans de l'homme et du citoyen.

ARTICLE PREMIER.

LES hommes naissent et demeurent libres et égaux en droits; les distinctions sociales ne peuvent être fondées que sur l'utilité commune.

II.

LE but de toute association politique est la conservation des droits naturels et imprescriptibles de l'homme; ces droits sont la liberté, la propriété, la sureté, et la résistance à l'oppression.

VI.

LA loi est l'expression de la volonté générale; tous les citoyens ont droit de concourir personnellement, ou par leurs représentans, à sa formation; elle doit être la même pour tous, soit qu'elle protege, soit qu'elle punisse. Tous les citoyens étant égaux à ses yeux, sont également admissibles à toutes dignités, places et emplois publics, selon leur capacité, et sans autres distinction que celles de leurs vertus et de leurs talens.

VII.

NUL homme ne peut être accusé, arrêté, ni détenu que dans les cas déterminés par la loi, et selon les formes qu'elle a prescrites. Ceux qui sollicitent, expédient, exécutent ou font exécuter des ordres arbitraires, doivent être punis; mais tout citoyen appelé ou saisi en vertu de la loi, doit obéir à l'instant, il se rend coupable par la résistance.

VIII.

LA loi ne doit établir que des peines strictement et évidemment nécessaire, et nul ne peut être puni qu'en vertu d'une loi établie et promulguée antérieurement au délit, et légalement appliquée.

IX.

TOUT homme étant présumé innocent jusqu'à ce qu'il ait été déclaré coupable, s'il est jugé indispensable de l'arrêter, toute rigueur qui ne serait pas nécessaire pour s'assurer de sa personne doit être sévérement réprimée par la loi.

X.

NUL ne doit être inquiété pour ses opinions, mêmes religieuses pourvu que leur manifestation ne trouble pas l'ordre public établi par la loi.

XI.

LA libre communication des pensées et des opinions est un des droits les plus precieux de l'homme; tout citoyen peut dont parler écrire, imprimer librement sauf à répondre de l'abus de cette liberté dans les cas déterminés par la loi.

XV.

LA société a le droit de demander compte à tout agent public de son administration.

XVI.

TOUTE société, dans laquelle la garantie des droits n'est pas assurée, ni les séparation des pouvoirs déterminée, n'a point de constitution.

XVII.

LES propriétés étant un droit inviolable et sacré, nul ne peut en être privé, si ce n'est lorsque la nécessité publique, légalement constatée, l'exige evidemment, et sous la condition d'une juste et préalable indemnité.

AUX REPRESENTANS DU PEUPLE FRANCOIS

L'équipe de France de football championne du monde 2018

THÈME 16
La diversité

« Le beau combat de la France, c'est celui de l'unité, c'est celui de la cohésion. Oui, nos valeurs ont un sens ! Oui, la France est riche de sa diversité ! »

Jacques Chirac, président, 2007

LES PREMIERS MOTS

1 la population :
2 un peuple :
3 une nationalité :
4 une origine :
5 un ancêtre :
6 étranger(ère) :
7 l'immigration :
8 la géographie :
9 l'histoire :
10 l'Afrique :
11 l'Asie :
12 l'Europe :

Les Français sont d'origines[1] très diverses. Bien sûr, certains sont nés dans les territoires d'outre-mer, mais d'autres facteurs expliquent également la mixité ethnique et culturelle de la France d'aujourd'hui.

Il y a d'abord la géographie. Située à un carrefour du continent européen, la France a toujours été une terre de passage et d'échanges. Elle a notamment connu[2] plusieurs vagues d'immigration aux XIXe et XXe siècles pour répondre aux besoins de l'industrie. Des Polonais, des Italiens, des Espagnols, des Portugais puis des Turcs se sont alors installés en France.

Mais la diversité actuelle de la population française tient aussi à[3] son histoire.
Le passé colonial de la France explique en grande partie le fait que beaucoup de Français sont originaires de certains pays d'Afrique du Nord (l'Algérie, la Tunisie et le Maroc), d'Afrique subsaharienne (le Sénégal, la Côte d'Ivoire, le Cameroun, le Mali, etc.) ou même d'Asie (le Cambodge, le Laos, le Vietnam). Des hommes sont d'abord venus seuls pour travailler, puis leurs familles les ont rejoints.
D'autre part, la France a toujours eu une tradition d'accueil pour des communautés (par exemple les Juifs d'Europe centrale) et pour des populations en danger dans leur propre pays (les réfugiés arméniens en 1915, les réfugiés vietnamiens en 1975...).

Une affiche pour le musée de l'Histoire de l'immigration (Paris)

Pour un étranger, il existe plusieurs moyens de devenir français. Il peut notamment faire une demande de naturalisation s'il a épousé un(e) Français(e), ou bien s'il a résidé au moins cinq ans en France et peut prouver qu'il s'est bien intégré[4] (il a respecté les lois, parle suffisamment français, etc.). Quant aux enfants nés en France de parents immigrés, ils peuvent obtenir la nationalité française à 18 ans, conformément au « droit du sol[5] ». Devenir français ne signifie pas renoncer à sa nationalité d'origine car la France autorise la double nationalité.

Même s'il y a parfois des difficultés d'intégration, la mixité de la population est un atout pour le pays sur les plans humain, culturel et économique. Les discriminations n'ont d'ailleurs pas de sens puisque beaucoup de Français ont au moins un ancêtre étranger...
D'où[6] une question récurrente : que signifie exactement « être français » ?

1 *être d'origine ~* : (主語は)～の出身だ **2** *connaître ~* : ～を経験する **3** *tenir à ~* : ～に起因する **4** *s'intégrer* : (～に)統合される, 溶け込む **5** *droit du sol* : 出生地主義 **6** *D'où ~* : (直前に述べられたことを受けて)だから～だ

Exercices

Les mots-clés

Comment dit-on ~ en français ?
1 移民　2 統合　3 (政治)難民・亡命者
4 出生地主義　5 差別

l'immigration　un réfugié
le droit　la discrimination
du sol　l'intégration

L'expression

déjà / ne ~ jamais + 複合過去
(今までに)～したことがある / 一度も～したことがない

君はイタリア語が上手だね！イタリアに住んだことあるの？ ―いや、一度も行ったことない、でも母親がイタリア出身なんだ (être d'origine)。
- Oh, tu ....
.... *- Non, je* ....
....

LA GRAMMAIRE

直説法複合過去
le passé composé

活用：助動詞 (avoir / être) の直説法現在 + 過去分詞

1 avoir を助動詞にとる動詞
すべての他動詞と大部分の自動詞
ex j'ai **mangé** (manger)
vous n'avez pas **été** (être)
その他：**eu** (avoir), **fait** (faire), **pris** (prendre) など

2 être を助動詞にとる動詞
1. 移動や状態の変化を表わす一部の自動詞
ex je suis **allé(e)** (aller)
vous n'êtes pas **venu(e)(s)** (venir)
その他：**parti** (partir), **resté** (rester), **né** (naître) など
2. 代名動詞
ex je me suis **couché(e)** (se coucher)
vous ne vous êtes pas **levé(e)(s)** (se lever)

注意：être を助動詞にとる複合過去では、過去分詞を主語に性・数一致させる。ただし代名動詞では、再帰代名詞が間接目的語の場合、過去分詞の性・数一致を行わない。
ex Elles se sont parlé.

LA COMPRÉHENSION

DAPF

1 Cochez les bonnes réponses. 正しい答えを選びなさい。(複数解答あり)

1. Quels pays ont été des colonies françaises ?
   - ☐ le Sénégal　☐ le Portugal　☐ l'Algérie
   - ☐ la Turquie　☐ le Vietnam　☐ la Côte d'Ivoire
2. Qui peut obtenir la nationalité française ?
   - ☐ Sabeur a des parents tunisiens et il est né en France.
   - ☐ Hoa, vietnamienne, est mariée avec un Français depuis 5 ans.
   - ☐ Frédéric a un père français et une mère polonaise et il est né en France.

2 Répondez. 本文の一部を使いながら、質問に答えなさい。

1. De quels pays d'Europe sont arrivés beaucoup d'immigrés ?
2. Pourquoi beaucoup de Français sont-ils d'origine africaine ou asiatique ?
3. Pourquoi dit-on souvent que la France est une terre d'accueil ?
4. Comment devient-on français ?

3 Mettez au passé. 動詞を複合過去に活用させ、全文書き直しなさい。

1. Ma femme demande la nationalité française.
   Hier,
2. Beaucoup de Français partent vivre à l'étranger.
   L'an dernier,
3. Je suis victime de racisme.
   Il y a deux mois,
4. Notre fille vit en Afrique.
   Pendant cinq ans,
5. Ils ne peuvent pas quitter leur pays.
   Finalement,
6. Elle s'intègre bien à la société française.
   En seulement deux ans,

La distinction

immigrer ≠ **émigrer**
(他国から)移住してくる　(他国へ)移住する
in-, im- : ～の中に(へ)　ex-, é- : 内から外へ、離脱

La moitié des Français qui .... partent dans d'autres pays européens, et un tiers des étrangers qui .... en France arrivent d'Europe.

Et vous ?

1. *Avez-vous des amis étrangers ?*
2. *Vous-même, avez-vous déjà vécu dans un autre pays ? Avez-vous envie d'essayer ?*
3. *Quelles sont les conditions pour obtenir la nationalité japonaise ? (☛ Pour obtenir la nationalité japonaise, il faut...)*
4. *Qu'est-ce qui vous a surpris(e) dans cette leçon ? (☛ Ce qui m'a particulièrement surpris(e), c'est que...)*

Documents

Le saviez-vous ?

フランス人の名字には、他国起源のものが数多くあります。例えば Müller（ドイツ）、Martinez（スペイン）、Da Silva（ポルトガル）、Rossi（イタリア）、Traore（マリ）、Krawczyk（ポーランド）、Bensaïd（北アフリカ）、Nguyen（ベトナム）です。これは元フランス大統領 Nicolas Sarkozy（ハンガリー）や現パリ市長 Anne Hidalgo（スペイン）、俳優 Omar Sy（セネガル）、プロサッカー選手 Kylian Mbappé（カメルーン）、歌手 Charles Aznavour（アルメニア）といった著名なフランス人の名字にも見受けられます。

Doc 1 Français, immigrés, étrangers : quelles différences ?

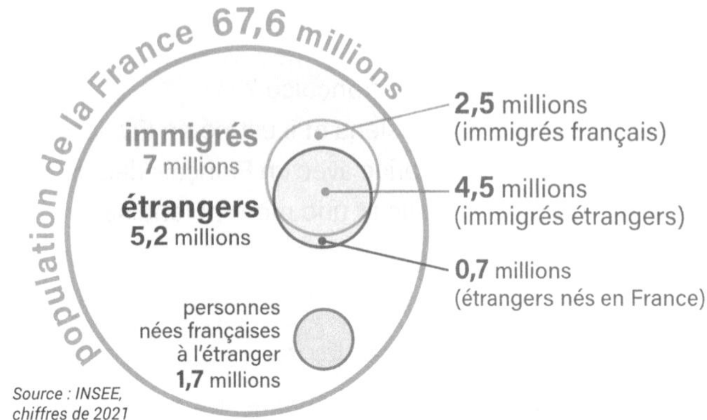

Source : INSEE, chiffres de 2021

Doc 2 Un exemple d'intégration : Ting, pâtissière

Doc 3 Quels types de titres de séjour ont les étrangers vivant en France ? 滞在許可証交付の理由

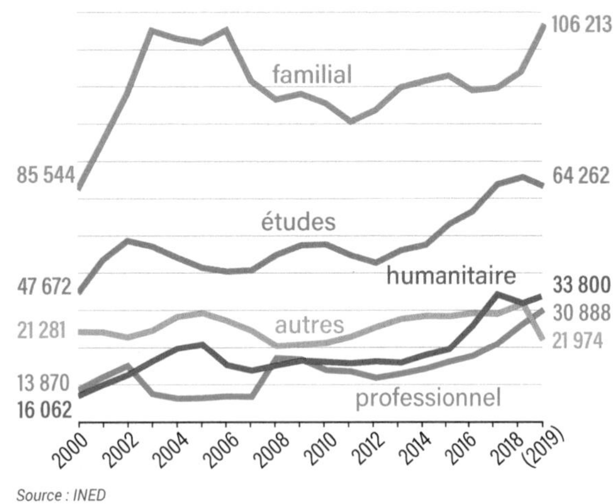

Source : INED

Doc 4 D'où viennent les immigrés ?

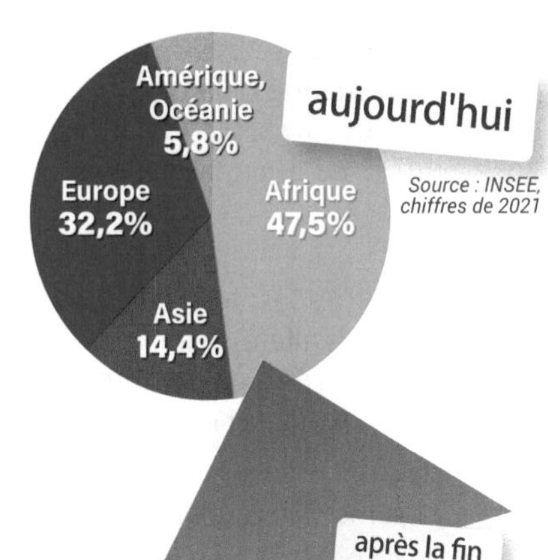

Source : INSEE, chiffres de 2021

Doc 5 *Portraits de France* : 318 personnalités du monde entier qui ont contribué à l'histoire de France 『フランスの肖像』フランスの歴史に貢献した318人の著名人

CURIE Marie (Maria Sklodowska) 1867-1934 NÉE EN POLOGNE, DÉCÉDÉE EN FRANCE — UNIVERSITÉ ET RECHERCHE

FOUJITA Léonard (Tsuguharu Fujita) 1886-1968 NÉ AU JAPON, DÉCÉDÉ EN SUISSE — ARTS

SENGHOR Léopold Sédar 1906-2001 NÉ AU SÉNÉGAL, DÉCÉDÉ EN FRANCE — LITTÉRATURE ET PHILOSOPHIE/POLITIQUE

BAKER Joséphine 1906-1975 NÉE AUX ÉTATS-UNIS, DÉCÉDÉE EN FRANCE — MUSIQUE

PICASSO Pablo (Pablo Ruiz Picasso) 1881-1973 NÉ EN ESPAGNE, DÉCÉDÉ EN FRANCE — ARTS

PORTRAITS DE FRANCE

Source : Portraits de France, ministère de la Cohésion des territoires, 2021

Le Panthéon (Paris)

LES PREMIERS MOTS

1 un personnage historique :
2 un héros :
3 un chef :
4 un roi :
5 un empereur :
6 un président :
7 un politicien :
8 un symbole :
9 un château :
10 rassembler :
11 organiser :
12 résister :

THÈME 17

Les grandes figures nationales

L'histoire de France ne manque pas de personnages célèbres, mais certains d'entre eux[1] sont particulièrement emblématiques pour les Français d'aujourd'hui.

VERCINGÉTORIX (82-46 avant JC)

Beaucoup sont des symboles de résistance aux invasions étrangères. Ainsi, dès l'Antiquité, alors que[2] les Romains envahissaient la Gaule, le chef gaulois Vercingétorix a tenté de rassembler de nombreuses tribus rivales pour s'opposer à eux. Pour les Français, ce héros est le plus connu de leurs « ancêtres » gaulois.

Au début du XVe siècle, les Anglais occupaient une partie de la France. Cette fois, c'est Jeanne d'Arc, une jeune paysanne, qui a conduit la lutte pour les repousser. Elle affirmait tout simplement que des voix célestes lui avaient confié[3] cette mission... Aujourd'hui, cette héroïne est pour les Français un symbole fort de patriotisme.

JEANNE D'ARC (1412-1431)

Enfin, la résistance à l'invasion allemande pendant la Seconde Guerre mondiale a notamment été incarnée[4] par Charles de Gaulle, qui était alors[5] un jeune général. Plus tard, devenu président, il a aussi défendu l'indépendance de la France vis-à-vis des États-Unis. Encore maintenant, de nombreux politiciens se disent « gaullistes ».

CHARLES DE GAULLE (1890-1970)

D'autres figures historiques symbolisent plutôt une forme de prestige.

Louis XIV est sans doute le plus connu des rois de France. Surnommé « le Roi Soleil », il a exercé pendant très longtemps un pouvoir absolu depuis le magnifique château de Versailles où[6] il résidait, entouré de sa cour[7]. Aujourd'hui, on regarde souvent le faste qui entoure la fonction présidentielle comme un souvenir de l'époque des rois.

LOUIS XIV (1638-1715)

Quant à Napoléon Bonaparte, c'était un homme du peuple qui est devenu empereur. Il incarne à la fois l'égalitarisme de la révolution et un pouvoir autoritaire. Connu dans le monde pour ses conquêtes militaires, il est surtout, pour les Français, celui qui a réorganisé le pays et posé les bases de la société moderne.

NAPOLÉON BONAPARTE (1769-1821)

La popularité de ces divers personnages révèle peut-être, dans cette période d'instabilité et de perte des repères, une contradiction profonde des Français : ils sont fiers d'avoir montré le chemin de la démocratie en Europe, mais ils regardent parfois avec un peu de nostalgie les époques où[5] il y avait un pouvoir fort ou un chef charismatique...

1 *d'entre* + ~ (人称代名詞) : ～の中の **2** *alors que* ~ : ～の時に (文語的) **3** *avaient confié* : 動詞 confier の直説法大過去 **4** *incarner* ~ : ～を体現する **5** *alors* : その当時 **6** *où* : 関係代名詞。先行詞が関係節で場所または時の状況補語として使われる場合に用いる (→ p.65) **7** *cour* : 宮廷人, 廷臣

Exercices

Les mots-clés

Comment dit-on ~ en français ?

1 侵略　2 ガリア人　3 カリスマ的な指導者
4 ドゴール派の（人）　5 郷愁

gaulliste
une invasion **gaulois(e)**
un chef charismatique
la nostalgie

L'expression

c'est 主語 qui ~
c'est 主語以外の要素 que ~
～なのは～だ

フランスの王たちを混同してはいけない。太陽王の異名をとっていたのはルイ14世だが、革命家たち（les révolutionnaires）が処刑した（exécuter）のはルイ16世だ。

Il ne faut pas confondre ....

....

....

LA COMPRÉHENSION

DAPF

1 Vrai ou faux ? 正誤問題。答えに関係する文を本文から抜き出しなさい。

1. Vercingétorix a lutté contre les Anglais.
   ☐ VRAI　☐ FAUX
2. Jeanne d'Arc était une reine.
   ☐ VRAI　☐ FAUX
3. Charles de Gaulle était président pendant la Seconde Guerre.
   ☐ VRAI　☐ FAUX
4. Louis XIV résidait au château de Versailles.
   ☐ VRAI　☐ FAUX
5. Napoléon Bonaparte était issu d'une famille noble.
   ☐ VRAI　☐ FAUX

2 Répondez. 本文の一部を使いながら、質問に答えなさい。

1. Quel est le point commun entre Vercingétorix, Jeanne d'Arc et Charles de Gaulle ?
2. Pour quelle raison certains hommes politiques d'aujourd'hui se disent-ils encore « gaullistes » ?
3. Pourquoi le roi Louis XIV est-il particulièrement célèbre ?
4. Pourquoi Napoléon est-il important dans l'histoire de France ?

LA GRAMMAIRE

直説法半過去
l'imparfait

1 活用

語幹：直説法現在 nous の語幹 + 語尾
(-ais, -ais, -ait, -ions, -iez, -aient)
語幹の例外：être → ét-

2 用法

1. 過去の一時点に視点を置き、そのとき進行中だった行為や出来事を表したり、主語の状態などを描写する。
   ex À l'époque où Vercingétorix a vécu, la France n'**existait** pas encore.
2. 過去の習慣や反復行為を表す。
   ex Jeanne **entendait** parfois la voix de Dieu.

3 Imparfait ou passé composé ? 日本語の文意に合わせて、動詞を複合過去または半過去に活用させなさい。

Louis XIV ______ (1. avoir) cinq ans quand son père ______ (2. mourir). Comme il ______ (3. être) trop jeune, sa mère ______ (4. gouverner) le pays à sa place pendant 10 ans. Il ______ (5. commencer) à gouverner en 1654. Il ______ (6. faire) construire le château de Versailles. À cette époque, la France ______ (7. être) riche et puissante. Le roi Louis XIV ______ (8. aimer) les arts et ______ (9. inviter) souvent des artistes, comme Molière, Racine ou Lully.

父親が亡くなったとき、ルイ14世は5歳だった。彼は若すぎたため、彼の母親が10年間彼の代わりに統治した。彼は1654年に統治し始めた。彼はヴェルサイユ宮殿を建てさせた。その当時、フランスは豊かで強大だった。王は芸術を愛し、モリエールやラシーヌ、リュリーといった芸術家たちをよく招いていた。

La distinction

il (elle) est 形容詞　≠　c'est 名詞
彼（彼女）は～だ　　彼（彼女）は～だ

(Vercingétorix) .... était un héros !
(Jeanne d'Arc) .... était héroïque.
(Napoléon) .... n'était pas grand.
(De Gaulle) .... était un grand homme,
mais .... était aussi un homme grand !

Et vous ?

1. Avant de lire ce texte, quels personnages historiques français connaissiez-vous ? Que saviez-vous sur eux ?
2. Au Japon, quels sont les personnages historiques les plus populaires ? (☛ Il y a par exemple...)
3. Quel est le personnage historique qui vous intéresse le plus dans le monde ? Parlez-nous de lui.
4. Qu'est-ce qui vous a surpris(e) dans cette leçon ? (☛ Ce qui m'a particulièrement surpris(e), c'est que...)

Documents

Le saviez-vous ?

1803年、仏領ルイジアナ（現在のアメリカ領土の約4分の1にあたる広大な領地。地名はルイ14世にちなんでいる）をアメリカに売却したのはナポレオンでした。この選択により、ナポレオンはヨーロッパにおけるフランス帝国の構築に専念するとともに、強大なライバルであったイギリスの北米大陸進出の野望を阻止することができました。

Doc 1 Qui sont les cinq personnalités du texte ?

ウェルキンゲトリクス
Vercingétorix : 82 av. J.-C.-46 av. J.-C.

当初、ウェルキンゲトリクスはガリア諸部族の一つ、アルウェルニ族の長だった。カエサル率いるローマ軍のガリア侵攻に抵抗するため、ガリア諸部族の結集を試みた。最終的に、アレシアの戦いでローマ軍に敗北。ローマに送られ、カエサル凱旋の際にさらし者にされたのち、死亡した。

ジャンヌ・ダルク
Jeanne d'Arc : 1412-1431

イングランドとフランスの間で生じた100年戦争のさなか、イングランドを討ち払うよう神の啓示を受けたとして、弱冠13歳で戦闘に参加した。数多くの勝利を収めたが、最後には捕らえられた。魔女であると告発され、火刑に処された。

ルイ14世
Louis XIV : 1638-1715

フランス史上最長の72年間、フランス国王の座を占めた（ルイ14世自身による統治は54年間）。王権神授説を唱え、絶対君主制を確立した。経済・文化面での自国の発展と領土拡大に尽力し、ヨーロッパにおけるフランスの威信を高めた。豪華絢爛なヴェルサイユ宮殿を建設させた。

ナポレオン・ボナパルト
Napoléon Bonaparte : 1769-1821

将軍としてヨーロッパで数多くの戦いに勝利したのち、フランスで政権を握った。また皇帝となり、ヨーロッパを支配した。しかしイギリス、プロイセン、スペイン、ロシア、オーストリアの対仏大同盟に敗れ、退位した。フランス民法典の公布、フラン通貨の導入、高等学校・バカロレア制度の構築、徴兵制の強化、行政再編、パリの都市計画など様々な改革を行い、フランスの近代化に貢献した。

シャルル・ド・ゴール
Charles de Gaulle : 1890-1970

第2次世界大戦中、亡命先のロンドンから、ドイツのフランス侵攻に対する抵抗運動を組織し（1940年6月18日に行われたイギリスBBC放送での抵抗運動への呼びかけが有名）、フランスの解放に寄与した。その後、強力なカリスマ性を持つ大統領となり、戦後フランスの復興を指揮した。

Doc 2 Pour les Français, quelles personnalités ont marqué l'histoire ? フランス人が選ぶフランス史に影響を及ぼした著名人（1〜3回答／人）

Personnalités féminines

Rang	Personnalité	%
1	Marie Curie	60%
2	Simone Veil	59%
3	Jeanne d'Arc	49%
4	Lucie Aubrac	15%
5	Catherine de Médicis	14%
6	Marie-Antoinette	12%
7	Édith Piaf	10%
8	Louise Michel	10%
9	Anne de Bretagne	9%
10	Simone de Beauvoir	9%

Personnalités masculines

Rang	Personnalité	%
1	Charles de Gaulle	59%
2	Napoléon	45%
3	Louis XIV	30%
4	Louis Pasteur	23%
5	l'abbé Pierre	16%
6	Charlemagne	15%
7	Victor Hugo	14%
8	Jean Jaurès	13%
9	Jean Moulin	11%
10	François Mitterrand	10%

D'après enquête BVA, 2016

Doc 3 Quelques exemples de l'héritage（遺産）de Napoléon

経済
- le franc — 通貨フラン
- la Banque de France — フランス国立銀行

教育
- le baccalauréat — バカロレア
- les lycées — 高等学校

行政・政治機構
- les départements — 県
- le Sénat — 上院（元老院）

法律
- le Code civil — フランス民法典
- le mariage civil — 民事婚

都市計画
- le numérotage des rues — 通りの番地
- le ramassage des ordures — ごみの回収

建築
- l'Arc de triomphe et d'autres monuments — 凱旋門とその他の建造物

LES PREMIERS MOTS

1 un(e) touriste :
2 visiter :
3 découvrir :
4 la capitale :
5 une région :
6 un monument :
7 un lieu :
8 un endroit :
9 le stress :
10 le bruit :
11 le prix :
12 l'accueil :

LE CHIFFRE **59%** des Parisiens voudraient quitter Paris (2022)

Ajoutez deux lettres à Paris : c'est le paradis. (Jules Renard)

Le ciel est gris
Les gens, aigris.
Je suis pressé.
Je suis stressé.
(*J'aime plus Paris*, une chanson de Thomas Dutronc)

THÈME **18**

Paris ou province ?

Le Mont Saint-Michel (Normandie)

Beaucoup de touristes étrangers passant quelques jours « en France » se contentent en réalité de[1] visiter Paris. C'est donc dans la capitale qu'ils se font[2] une idée du pays, et certains Français le regrettent, car Paris... est-ce bien la France ?

Avant de répondre, il faut rappeler que les Français eux-mêmes ont tendance à opposer Paris à « la province[3] », c'est-à-dire au reste du pays. Les raisons sont d'abord politiques : dans ce pays très centralisé[4] depuis Louis XIV, la capitale concentre tous les pouvoirs. Et puis les Parisiens et les provinciaux s'amusent quelquefois à se taquiner[5] : les premiers sont traités, par exemple, de[6] « bobos[7] », tandis que les seconds sont qualifiés, tout simplement[8], de « provinciaux » !

Au-delà de cette opposition, il faut reconnaître que Paris donne souvent une image inexacte de la France et des Français aux étrangers qui la visitent.
Bien sûr, c'est une ville magnifique : des photos de monuments célèbres, de lieux pittoresques ou d'œuvres d'art, vous en ferez du matin au soir, et si vous êtes amateur de spectacles et d'évènements culturels, vous pourrez en voir autant que vous voudrez !
Mais d'un autre côté, il faut bien l'avouer[9], cette ville-monde (12 millions d'habitants avec ses banlieues) n'est pas tout à fait le Paris du film *Amélie Poulain* ou de la série *Emily in Paris*. Elle connaît les mêmes problèmes que d'autres grandes capitales : il y a plus de bruit, de stress et d'incivilités qu'ailleurs. Et comme c'est aussi la ville la plus visitée de la planète, vous risquez de subir les désagréments habituels des lieux très touristiques : la foule, des prix plus élevés, un accueil un peu moins chaleureux, etc. Parfois, certains Japonais qui avaient trop idéalisé la capitale ressentent en y habitant une sorte de stress appelé « syndrome de Paris[10] ».

En province... est-ce a « vie de château » ?

Autrement dit[11], si vous voulez découvrir une France plus authentique et expérimenter la douceur de vivre à la française[12], n'hésitez pas à sortir de Paris. Aller en province, ce n'est pas seulement découvrir la ruralité, autre visage de la France, c'est aussi visiter de très belles villes riches de culture et d'histoire, ainsi que de nombreux sites classés au patrimoine mondial !

▲ Chenonceau
Chambord ▶
Chaumont
▼

1 *se contenter de* + 不定詞 : ～するだけである **2** *se faire* ~ : ～を抱く, 持つ **3** *la province* : (パリに対する) 地方 **4** *centralisé(e)* : 中央集権化した **5** *se taquiner* : からかい合う **6** *traiter ~ de ~* : ～を～呼ばわりする **7** *bobo* : 自由奔放な生き方を好む都市部の若年富裕層 **8** *tout simplement* : ただ単に **9** *il faut bien l'avouer* : 次のことを認めなくてはならない **10** *le syndrome de Paris* : パリ症候群 **11** *autrement dit* : 言い換えれば **12** *à la française* : フランス風の (に)

Exercices

Les mots-clés

Comment dit-on ~ en français ?
1 農村社会（生活） 2 （パリに対する）地方
3 自由奔放な生き方を好む富裕層 4 観光地
5 中央主権国家

bobo　la ruralité　un pays centralisé　la province　un lieu touristique

L'expression

hésiter (à 不定詞 / entre 名詞 et 名詞)
～するのを迷う / ～と～の間で迷う

フランス旅行に関して、私はパリに行くか迷っている。実はパリと南フランスの間で（どちらにするか）迷っている。（それは）非常に違うものだが、どちらも（les deux）よさそうだ。

Pour mon voyage ....

....

....

LA COMPRÉHENSION

DAPF

1 Quels sont les avantages et les inconvénients de la vie parisienne ? パリでの生活の長所と短所を挙げなさい。

Les avantages	*Les inconvénients*

2 Répondez. 本文の一部を使いながら、質問に答えなさい。

1. Pourquoi y a-t-il une opposition historique entre Paris et la province ?
2. Selon le texte, que peut-on faire à Paris ?
3. Pourquoi la capitale française donne-t-elle parfois à ses visiteurs étrangers une image fausse du pays ?
4. Donnez plusieurs raisons de visiter la province pendant un séjour en France.

LA GRAMMAIRE

ものを受ける代名詞
les pronoms *le / la / les* et *en*

1 直接目的語人称代名詞 le, la, les
特定・限定された直接目的語名詞（定冠詞・所有形容詞・指示形容詞などがつく）を受ける。
ex J'aime cette ville, car je **la** connais bien.
注意：le は節を受けることもできる。次に言われることを先取りして受けることもある。（中性代名詞 le）
ex Il faut bien **l'**avouer, Paris est stressant.

2 中性代名詞 en
不定冠詞・部分冠詞・数量表現のついた直接目的語名詞を受ける。
注意：数量表現は動詞の後ろに置く。
ex Des photos, vous **en** ferez beaucoup à Paris !

3 代名詞の位置
1. 原則：動詞（複合時制の場合は助動詞）の前に置く。
2. 動詞＋不定詞の場合は不定詞の前に置く。
（ex aimer~, vouloir~, pouvoir~）

3 Répondez avec un pronom. 適切な代名詞を用いて、応答文を完成させなさい。

1. Tu ressens beaucoup de stress ?
   Non,
2. Tu veux visiter des villes de province ? (plusieurs)
   Oui, *plusieurs.*
3. Il y a combien de sites classés à l'UNESCO en France ? (45)
   Il *45.*
4. Tu veux voir les volcans d'Auvergne ?
   Oui,
5. Tu connais des restaurants pas trop chers à Paris ?
   Non,
6. Tu as déjà vu l'Arc de Triomphe ?
   Oui,

La distinction

aller à (en / dans) ~  ***visiter ~***
～（場所）へ行く　～（場所）を（観光で）訪れる、見物する

J'ai très envie de .... la France un jour. Bien entendu, je voudrais .... à Paris et .... ses monuments célèbres, mais j'aimerais aussi .... Saint-Malo, ou .... au Centre Pompidou à Metz.

Et vous ?

1. *Avez-vous déjà visité Paris ? Par exemple, quels endroits avez-vous visités ?*
2. *Connaissez-vous des endroits célèbres en province ? Où aimeriez-vous aller ?* (→ p.11, p.60, p.63)
3. *Pensez-vous que Tokyo est représentative du Japon ?*
4. *Qu'est-ce que vous ignoriez avant de lire ce texte ?*
   (☛ *J'ignorais que...*)

Documents

Le saviez-vous ?

フランスでは近年、より穏やかでバランスのとれた、充実した生活を求めて、地方に移住するパリ人がいましたが、新型コロナウィルス感染症の大流行はこの現象を加速させました。それを可能にした要因の一つはテレワークとコワーキングスペースの普及です。実際、人里離れた農村部にもコワーキングスペースができています。

Doc 1 Que représente la région parisienne dans la France d'aujourd'hui ?

2% du territoire
18% de la population
23% des emplois
31% du PIB (国内総生産)

Source : Chiffres-clés de la région Île-de-France, 2020

Doc 2 Trop chère, Paris s'embourgeoise

パリのブルジョワ化：パリ在住者の社会階層と不動産価格

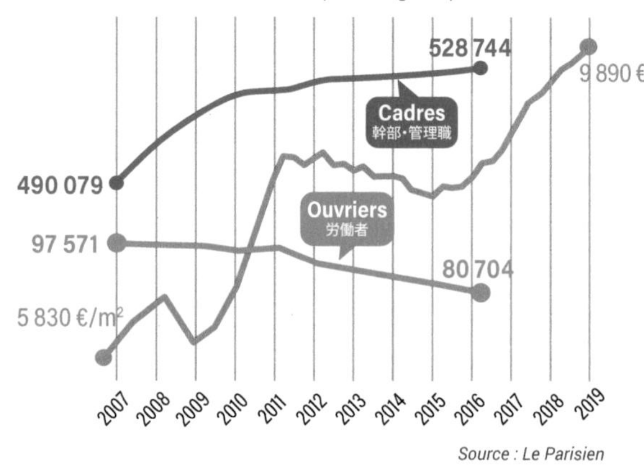

Source : Le Parisien

Doc 3 Pourquoi certains habitants d'Île-de-France veulent-ils quitter leur région ? (自由回答)

D'après enquête ObSoCo, 2018

Doc 4 Des sites Internet pour les Parisiens qui veulent s'installer en province

Sites : paris-jetequitte.com, partirdeparis.fr

Doc 5 Combien de Français recommandent-ils leur ville pour y vivre ?

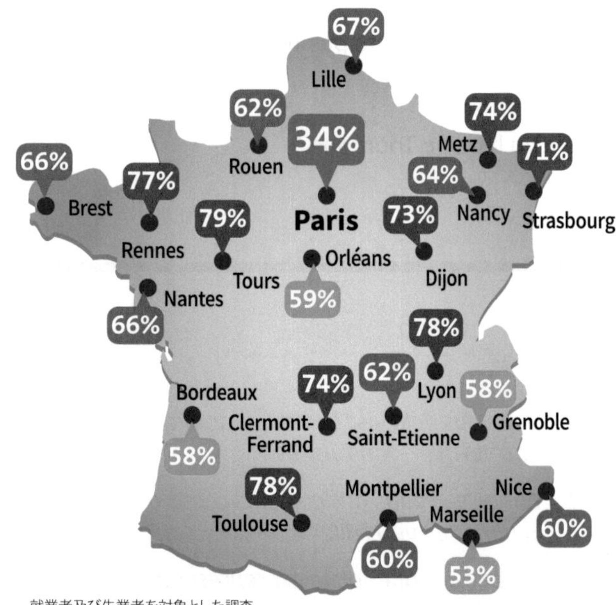

就業者及び失業者を対象とした調査
D'après enquête RegionsJob et ParisJob, 2021

Doc 6 Les villes les mieux notées par leurs habitants

POUR LA QUALITÉ DE VIE	POUR LE COÛT DE LA VIE
n°1 Metz	n°1 Saint-Étienne
n°2 Clermont-Ferrand	n°2 Brest
n°3 Tours	n°3 Clermont-Ferrand
n°4 Rennes	n°4 Metz
n°5 Brest	n°5 Nancy

POUR LES LOISIRS (CULTURE, NATURE, ETC.)	POUR L'ÉCOMOBILITÉ (VÉLO, TRAM, ETC.)
n°1 Nice	n°1 Grenoble
n°2 Montpellier	n°2 Strasbourg
n°3 Brest	n°3 Nantes
n°4 Clermont-Ferrand	n°4 Lyon
n°5 Nantes	n°5 Rennes

就業者及び失業者を対象とした調査
D'après enquête RegionsJob et ParisJob, 2021

Quelques villes de province

LES PREMIERS MOTS

1 une région :
2 une culture :
3 une tradition :
4 une différence :
5 la variété :
6 une influence :
7 un style :
8 une spécialité :
9 le caractère :
10 une langue régionale :
11 un accent :
12 ressembler à :

Quelques exemples de styles régionaux

THÈME 19

Les différences régionales

Normandie

Hauts-de-France

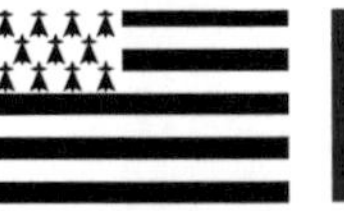

Bretagne

Île-de-France

Centre-Val de Loire

Grand Est

Pays de la Loire

Bourgogne-Franche-Comté

Nouvelle-Aquitaine

Auvergne-Rhône-Alpes

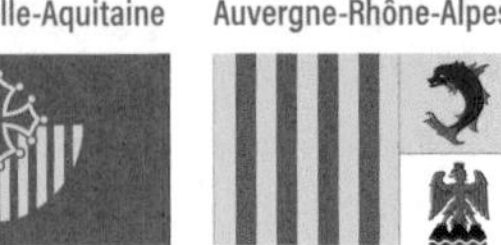

Occitanie

Provence-Alpes-Côte d'Azur

Réunion

Corse

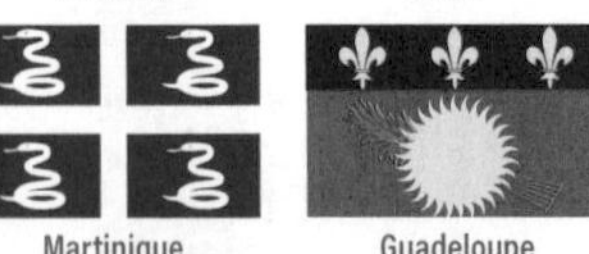

Martinique

Guadeloupe

Guyane Française

Mayotte

Depuis 2016, les régions françaises sont moins nombreuses et plus grandes. Par exemple, l'Alsace, la Lorraine et la Champagne sont maintenant rassemblées en une seule région : le Grand Est. Certains Français ont critiqué cette réorganisation, car ils étaient très attachés à[1] leur identité régionale. Il est vrai que les régions françaises ne se ressemblent pas du tout.

C'est une évidence pour les territoires d'outre-mer : éloignés de l'Europe, ils ont leur propre culture, un mélange de culture locale et de culture métropolitaine. Ils ont par exemple développé des langues métissées qu'on appelle « créoles ».

Mais les régions de métropole sont elles-mêmes très différentes. Ceux qui voyagent dans l'Hexagone sont d'abord étonnés par la variété des paysages et des climats, et cette diversité naturelle se retrouve[2] dans les produits locaux. Beaucoup de noms de spécialités régionales font d'ailleurs directement référence au[3] terroir : la quiche lorraine, la galette bretonne, le bœuf bourguignon, la daube provençale, etc. Il y a surtout entre les régions de profondes différences culturelles, car la métropole est partagée entre[4] plusieurs cultures, germanique dans le nord et l'est, latine dans le sud, ou même celtique dans l'ouest.

Ces différences sont d'abord visibles dans les styles architecturaux. Le nord, où l'architecture ressemble à celle de la Hollande, le nord-est, où elle fait penser à[5] celle de l'Allemagne, ou encore le sud-est, où elle rappelle[6] plutôt celle de l'Italie, donnent vraiment l'impression d'être des pays différents.

Les langues régionales (l'occitan, le basque, le breton, etc.) sont aussi très variées. Elles sont moins parlées aujourd'hui, mais il reste encore dans chaque région des expressions locales ainsi que[7] des accents plus ou moins[8] forts. Les plus connus sont celui du Midi[9], celui des « Ch'tis[10] », ou encore l'accent alsacien.

On pourrait continuer ainsi à énumérer les nombreuses différences entre les régions en parlant des traditions, des fêtes locales, ou même du nombre de bises que l'on fait pour se saluer... Évitons en revanche les stéréotypes qui associent aux habitants d'une région un trait[11] de caractère !

1 *être attaché(e) à ~ :* ～に愛着を持つ　2 *se retrouver :* 再び見られる　3 *faire référence à ~ :* ～に依拠する　4 *être partagé(e) entre ~ :* ～の間で分割された　5 *faire penser à ~ :* ～を連想させる　6 *rappeler ~ :* ～を想起させる　7 *ainsi que ~ :* および～　8 *plus ou moins :* 多かれ少なかれ　9 *le Midi :* 南仏　10 *Ch'tis :* 北フランス人　11 *trait (de caractère) :* (性質・性格の)特徴

Une femme bretonne en tenue traditionnelle

Les fêtes de Bayonne (Nouvelle Aquitaine)

Exercices

Les mots-clés

Comment dit-on ~ en français ?

1 ケルト文化　2 クレオール語　3 北フランス人　4 ゲルマン文化　5 ラテン文化

les Ch'tis / le créole / la culture latine / la culture celtique / la culture germanique

L'expression

l'endroit / le moment où 節

関係代名詞 où
（先行詞：関係節で場所または時の状況補語となる）

今住んでいる地方は生まれた地方からとても遠い。着いた日、違う国という感じだった (avoir l'impression que)。

La région ....

....

....

LA COMPRÉHENSION

DAPF

1 Cochez les bonnes réponses. 正しい答えを選びなさい。（複数解答あり）

1. Quels types de différences entre les régions sont évoqués dans le texte ? 地方の違いに関して本文で言及されているものにチェックを入れなさい。

- ☐ la langue
- ☐ les fêtes
- ☐ les paysages
- ☐ le climat
- ☐ les spécialités gastronomiques
- ☐ l'heure des repas
- ☐ les musiques et danses folkloriques
- ☐ les styles de maisons

2. Quelles régions, anciennes ou nouvelles, sont citées dans le texte ? 本文で言及されている新旧地域圏（形容詞を使った言及も含む）にチェックを入れなさい。（新旧地域圏については、66ページの資料1を参照）

- ☐ l'Alsace
- ☐ l'Auvergne
- ☐ l'Occitanie
- ☐ l'Aquitaine
- ☐ la Bretagne
- ☐ la Lorraine
- ☐ la Normandie
- ☐ la Champagne
- ☐ la Bourgogne

2 Répondez. 本文の一部を使いながら、質問に答えなさい。

1. Pourquoi la réforme des régions a-t-elle été critiquée ?
2. Quelles sont les particularités des territoires d'outre-mer ?
3. Pourquoi les régions françaises ont-elles des cultures différentes ?
4. Existe-t-il entre les régions des différences linguistiques ?

LA GRAMMAIRE

指示代名詞 celui
le pronom *celui*

1 形

男性単数：celui　　女性単数：celle
男性複数：ceux　　女性複数：celles

2 用法

1. 既出の名詞（人・もの）を受ける。「de + 名詞」や関係節を伴う。
   ex L'accent le plus connu est **celui** du Midi.
2. 既出の名詞を受けず、関係節の先行詞となる。この場合、celui は人を表す。
   ex **Ceux** qui aiment le fromage aiment la France !

注意：原則 celui の後に形容詞は用いられない。

3 Complétez avec le pronom. 適切な指示代名詞を入れなさい。
（必要に応じて、66ページの地図を参照すること）

1. Le dialecte de cette région est différent de 　　　　 qu'on parle ici.
2. L'accent provençal est plus chantant que 　　　　 de ma région.
3. On cuisine souvent au beurre dans les régions du nord, à l'huile d'olive dans 　　　　 du sud.
4. Les maisons de Bretagne ne ressemblent pas à 　　　　 de Bourgogne.
5. Je trouve les gens de Paris aussi sympas que 　　　　 des Hauts-de-France !
6. Les paysages de l'Occitanie ne ressemblent pas à 　　　　 de la Normandie.
7. Je trouve cette région plus agréable que 　　　　 où je vivais avant.

La distinction

à Kyoto ≠ *dans la région de Kyoto*
～市内に　　～の周辺部・近郊に

- Vous habitez .... Kyoto ?
- Non, mais j'habite .... Kyoto.
- Ah bon ? Vous habitez où exactement ?
- J'habite .... Uji.

Et vous ?

1. *De quelle région venez-vous ? Pouvez-vous me parler de votre région ?*
2. *Avez-vous l'accent de votre région natale ? Quelles expressions locales utilisez-vous ?*
3. *Les régions japonaises sont-elles très différentes ?*
4. *Qu'est-ce que vous ignoriez avant de lire ce texte ?*
   (☛ Je ne savais pas que...)

Documents

Le saviez-vous ?

フランスのいくつかの地方では、小学校、中学校、高等学校で地域言語を学ぶことができます（特にバスク語、ブルトン語、カタルーニャ語、オック語、コルシカ語、フランス海外県の諸言語）。地域言語でイマージョン教育（様々な教科を目標言語で教える教育）を行っている学校もあります！

Doc 1 Les régions métropolitaines avant et après la réforme de 2016

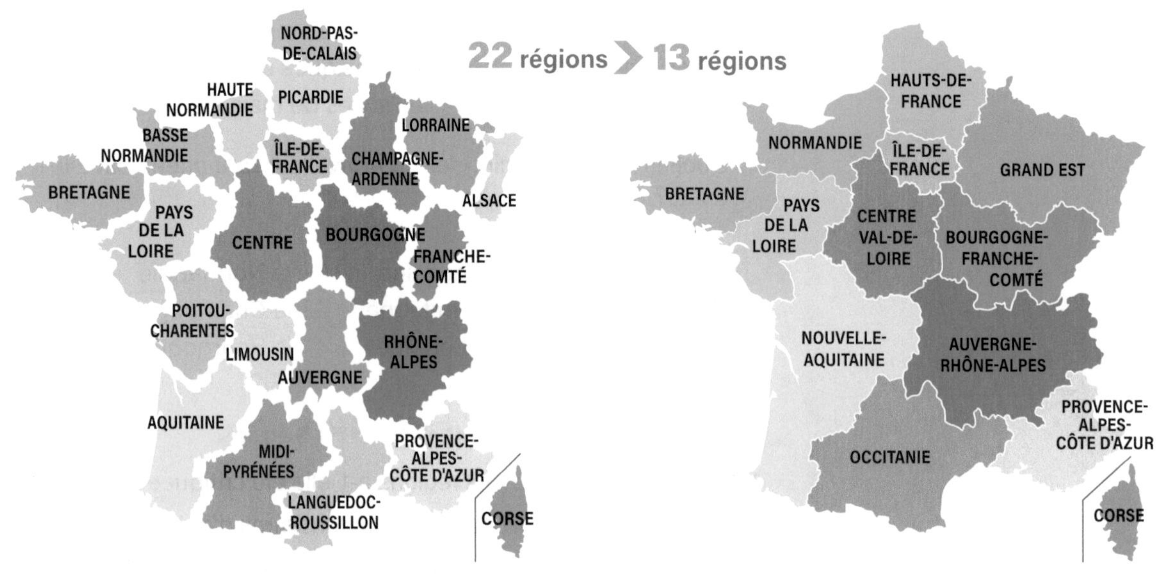

Doc 2 Quelques langues régionales

（当該言語を常用または時々用いている人の数）

D'après Le Parisien, 2020

Doc 3 Enquête : « Êtes-vous d'accord avec ces affirmations ? »

（マッチングサイトによるユーモラスなアンケート）

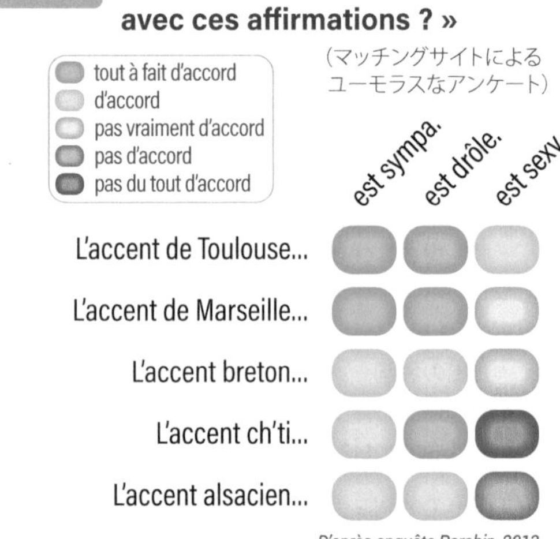

D'après enquête Parship, 2013

Doc 4 Combien de bises faut-il faire ?

Source : Mathieu Avanzi, 2019

Doc 5 Quelques exemples de différences régionales

Le bagad (Bretagne)

Le maroille (Hauts-de-France)

La choucro (Alsa

Le carna de Dunkerq (Hauts-de-Fran

La tête de Maure (Corse)

Le savon de Marseille

Le carnav de Ni

La France d'outre-mer

La carte : p.10

la Guadeloupe
la Réunion
Saint-Pierre-et-Miquelon
Tahiti

Cinq départements et régions d'outre-mer

✓ **la GUADELOUPE et la MARTINIQUE** dans la mer des Caraïbes : à partir du XVIIe siècle, des esclaves sont amenés d'Afrique par les colons pour cultiver la canne à sucre et le café. De nombreux Indiens sont ensuite venus pour y travailler.

✓ **la GUYANE** dans le nord-est de l'Amérique du Sud : largement recouverte par la forêt tropicale et célèbre pour son centre spatial de lancement des fusées Ariane (à Kourou).

✓ **la RÉUNION** dans l'océan Indien : une île volcanique aux paysages spectaculaires. D'abord habitée par des esclaves africains et indiens (amenés pour cultiver le café) et des colons blancs, l'île a connu une immigration indienne et chinoise.

✓ **MAYOTTE** dans l'océan Indien : sa société traditionnelle est matriarcale, les femmes jouant un rôle déterminant à tous les niveaux.

Cinq collectivités d'outre-mer avec un statut différent

✓ **la NOUVELLE-CALÉDONIE** dans l'océan Pacifique

✓ **la POLYNÉSIE FRANÇAISE** (dont Tahiti) dans l'océan Pacifique

✓ **WALLIS-ET-FUTUNA** dans l'océan Pacifique

✓ **SAINT-MARTIN ET SAINT-BARTHÉLEMY** dans la mer des Caraïbes

✓ **SAINT-PIERRE-ET-MIQUELON** dans l'océan Atlantique, près du Canada

Les **TERRES AUSTRALES** : elles sont inhabitées et ont un statut différent (TOM).

Édouard Glissant

Un penseur de la créolité

« J'appelle créolisation la rencontre, l'interférence, le choc, les harmonies et les disharmonies entre les cultures, dans la totalité réalisée du monde-terre. (...) Ma proposition est qu'aujourd'hui le monde entier s'archipélise et se créolise. »

Des points communs

✓ **L'identité culturelle** de ces territoires est très forte. Elle se retrouve dans les coutumes, la cuisine, la musique et l'art en général.

✓ Le français est la langue officielle, mais les **langues locales** et les **créoles** sont très utilisés. Les créoles sont nés du mélange entre la langue des esclaves africains et celle des colons français (même parfois des dialectes régionaux comme le breton). Il existe une abondante littérature en créole.

Des différences

✓ Le **métissage** entre locaux et personnes originaires de métropole est plus ou moins important selon les endroits.

✓ Ces territoires ont des statuts différents, car ils sont plus ou moins **autonomes** par rapport à la France.

✓ Chacun a ses propres **traditions**, par exemple ses spécialités culinaires : *caris* à la Réunion (version locale des currys indiens), *acras de morue* en Guadeloupe, *poulet boucané* en barbecue en Martinique, *bata bata* (bananes et manioc avec fruits à pain et viande) à Mayotte, etc.

Rester ou non français ?

Les territoires d'outre-mer ne sont plus des colonies françaises mais sont la France. Ce rattachement a été volontaire. Toutefois, il arrive qu'une partie de la population réclame plus d'indépendance.

En Nouvelle-Calédonie, les *kanaks* (originaires de l'île) et les *caldoches* (descendants de colons) n'ont pas les mêmes relations avec la métropole. Plusieurs référendums ont eu lieu et l'indépendance a été rejetée. La Nouvelle-Calédonie dispose aujourd'hui d'une large autonomie et peut voter ses propres lois.

la Nouvelle-Calédonie

Affiches d'une campagne contre le sexisme (Laboratoire de l'égalité, 2012)

LES PREMIERS MOTS

1 une femme :
2 un homme :
3 une fille :
4 un garçon :
5 masculin(e) :
6 féminin(e) :
7 un genre :
8 un rôle :
9 le pouvoir :
10 le salaire :
11 l'amitié :
12 l'égalité :

THÈME **20**

Femmes et hommes

Au Japon, les hommes et les femmes s'expriment différemment et assument souvent des fonctions distinctes. En France, les rôles psychologiques et sociaux sont moins différenciés.

Dès l'enfance, les filles et les garçons sont élevés de façon[1] assez similaire. Les jouets et les livres sont de moins en moins « genrés[2] », et les couleurs des vêtements sont souvent les mêmes. Quant à l'école, elle est mixte depuis 1975.
L'amitié entre les hommes et les femmes semble également plus facile en France. Ainsi, à l'université, les garçons et les filles se mélangent spontanément pendant les cours.
Dans la vie de couple, la notion de « rôles des sexes[3] » a aujourd'hui moins de sens. Par exemple, la plupart des Françaises préfèrent travailler, car elles trouvent cela plus épanouissant. Ceux qui voudraient qu'elles restent femmes au foyer sont qualifiés de « macho ». Les hommes s'occupent un peu plus qu'autrefois des tâches ménagères et il y a même des « hommes au foyer ». Cependant, ce sont généralement encore les femmes qui supportent l'essentiel de la « charge mentale[4] » dans la famille.
Dans la vie en société aussi, les règles et les mentalités ont évolué, mais les hommes ont encore de nombreux avantages. Ils ont souvent plus de pouvoir et leur salaire moyen est plus élevé. Certaines lois sont créées pour réduire ces inégalités, interdisant par exemple aux employeurs de refuser un poste à une femme simplement parce que c'est une femme. Malgré des améliorations, il arrive encore que certaines soient[5] victimes de propos ou d'actes sexistes.

Il y a donc encore des progrès à faire, et divers mouvements féministes continuent à militer pour une véritable égalité des sexes. Certains vont même jusqu'à réclamer l'égalité entre le féminin et le masculin dans la langue française. Ils proposent une nouvelle façon d'écrire appelée « l'écriture inclusive », qui s'oppose à une règle grammaticale enseignée à tous les enfants : « le masculin l'emporte sur[6] le féminin »[7].

Une dernière question se pose : la galanterie, une tradition ancienne, aura-t-elle encore du sens dans une société enfin égalitaire ?

Une manifestation pour les droits des femmes (2020)

1 *de façon ~ :* ～なやり方で　2 *genré(e) :* 性別を反映した, 性差を表した　3 *rôles des sexes :* 男女の役割　4 *la charge mentale :* 精神的負荷（家事・育児に関する段取りや諸々の手配などを常に考えることによる精神面での負担）　5 *soient :* 動詞 être の接続法現在 (→ p.84)　6 *l'emporter sur ~ :* ～より優位に立つ　7 文法解説 3 を参照

L'équipe féminine de foot de Lyon, championne d'Europe (2018)

Le gouvernement paritaire d'Elisabeth Borne (2022)

Exercices

Les mots-clés

Comment dit-on ~ en français ?

1 精神的負荷　2（女性に対する）心遣い
3 男性優位主義者　4 男女共学の学校
5 包括的書法

macho
la galanterie
l'écriture inclusive
l'école mixte
la charge mentale

L'expression

s'occuper de 名詞 / 不定詞
～を引き受ける、～の面倒を見る

私たちは家事を分担している。例えば、彼女は料理を担当し、私は掃除（le ménage）を担当している。もちろん、私は子供の面倒も見ている。

Nous partageons ....
....
....

LA COMPRÉHENSION

DAPF

1 Cochez les bonnes réponses. 正しい答えを選びなさい。

1. Pour les jeunes Français :
   - ☐ Garçons et filles vont dans les mêmes écoles.
   - ☐ Les jouets des garçons sont très différents de ceux des filles.
   - ☐ Les garçons et les filles se parlent peu à la fac.
2. Dans la famille :
   - ☐ Les femmes restent généralement à la maison.
   - ☐ Ce sont les hommes qui s'occupent des tâches ménagères.
   - ☐ Il y a des hommes qui s'occupent des tâches ménagères.
3. Dans la société :
   - ☐ Il n'y a aucune différence entre les femmes et les hommes.
   - ☐ Les femmes subissent encore parfois des discriminations.
   - ☐ On peut refuser d'embaucher une femme en raison de son sexe.

2 Répondez. 本文の一部を使いながら、質問に答えなさい。

1. L'éducation des garçons et des filles est-elle très différente ?
2. Dans le couple, comment les rôles ont-ils évolué ?
3. Dans la société, hommes et femmes sont-ils parfaitement égaux ?
4. Pourquoi les féministes critiquent-ils la langue française ?

LA GRAMMAIRE

性一致の注意点（まとめ）
difficultés de l'accord féminin-masculin

1 男性第2形を持つ形容詞
beau/**bel**/belle, nouveau/**nouvel**/nouvelle, vieux/**vieil**/vieille；指示形容詞 ce/**cet**/cette

2 所有形容詞の女性単数特殊形
女性単数名詞が母音または無音の h で始まる場合、ma, ta, sa は mon, ton, son となる。

3 複数名詞の性
名詞の表すグループの中に1人（1つ）でも男性名詞が含まれる場合、そのグループを示す名詞は男性複数名詞となり、形容詞も男性複数形となる。

4 複合時制における過去分詞の一致
複合時制に活用された動詞の直接目的語が動詞の前に出た場合、過去分詞はその直接目的語に一致する。
ex Cette peluche, je l'ai achetée pour Jean.

3 Complétez. 必要に応じて、（ ）内の形容詞、過去分詞を性・数一致させなさい。

1. Est-elle ______ ou ______ ? (marié, célibataire)
2. Les tâches ménagères sont très ______ . (fatigant)
3. ______ enfant (男) n'aime pas ______ école (女). (ce, son)
4. Mon fils et mes trois filles sont ______ . (marié)
5. Cette règle d'accord, je ne l'ai jamais ______ ! (compris)
6. La « charge mentale » est une notion qu'une sociologue française a ______ en 1984. (défini)
7. Il est très amoureux d'une femme. Il l'a ______ plusieurs fois mais il ne lui a pas encore ______ ses sentiments. (rencontré, dit)

La distinction

le même 名詞 que ~ ～と同じ～ ≠ un 名詞 différent de ~ ～とは異なる（違った）～

Lise porte *(vêtements)* .... son grand frère et elle a aussi *(passe-temps)* .... lui, alors elle lui ressemble beaucoup. Par contre, elle lit *(livres)* .... ceux qu'aimait son frère quand il avait *(âge)* ....

Et vous ?

1. *Voudriez-vous être femme / homme au foyer ?*
2. *Avez-vous des amis (proches) du sexe opposé ?*
3. *Que pensez-vous de l'égalité hommes-femmes ?*
   (☛ Je trouve que...)
4. *Qu'est-ce qui vous a surpris(e) dans cette leçon ?*
   (☛ Ce qui m'a particulièrement surpris(e), c'est que...)

Documents

Le saviez-vous ?

「精神的負荷（La charge mentale）」はフランス人社会学者モニック・エコー（Monique Haicault）によって理論化された概念です。家事、買い物、育児、アポイントメントの取り付けなど、家庭生活を切り盛りする際にかかる目に見えない認知的負荷やストレスを表す語として、近年フランスで広まりました。男性が家事や育児を分担するようになった現在でも、生活全般の段取りに関するストレスは多くの場合、女性にかかっています。

Emma, Fallait demander, 2017

Doc 1 Une tradition : ce qu'un homme « galant » devrait faire quand il est avec une femme

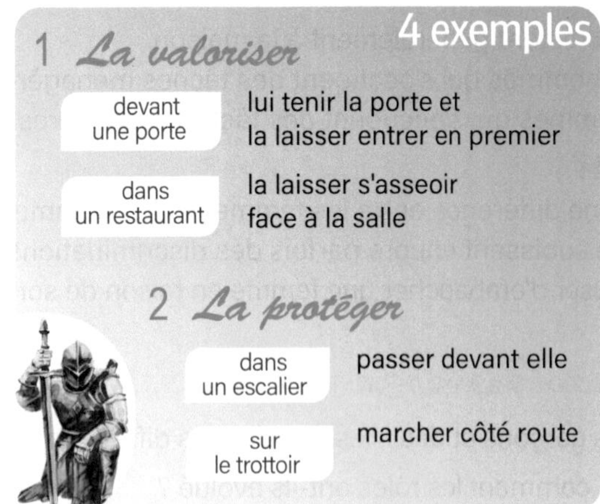

Doc 2 Les femmes dans la vie économique et politique...

1 ... ont des salaires moins élevés que les hommes.

2 ... sont moins nombreuses à l'Assemblée nationale (国民議会).

3 ... sont presque aussi nombreuses dans les conseils d'administration (取締役会) des grandes entreprises.

Sources : 1. INSEE, chiffres de 2019 2. Assemblée nationale, chiffres de 2019 3. OCDE, chiffres de 2018

Doc 3 Dans le couple, qui s'occupe des tâches domestiques ?

(en minutes par jour)

	hommes	femmes
la cuisine	24	95
le ménage	14	48
le bricolage, le jardinage, les animaux, etc.	42	15
les courses	16	26
la lessive	4	21
les enfants	41	95

D'après enquête INSEE, 2010

Doc 4 Dans le couple, qui a le dernier mot pour les grandes décisions ?

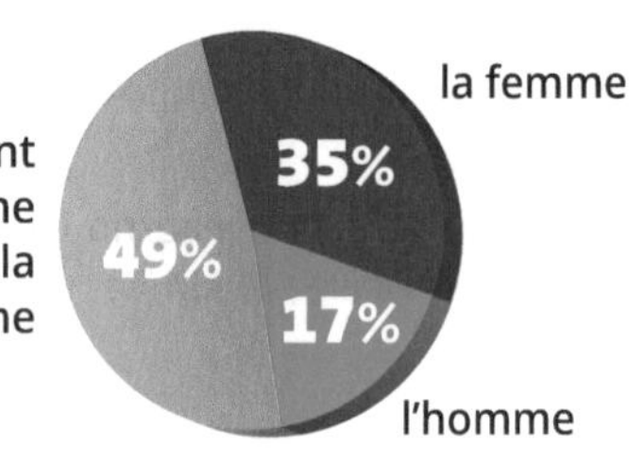

Source : enquête INSEE, 2010

Doc 5 L'accord de l'adjectif, expliqué dans un vieux livre de grammaire

Berthou, Gremaux, Voegelé, Grammaire Conjugaison Orthographe - Cours moyen, 1951

Doc 6 Une revendication féministe : l'écriture inclusive フェミニズムの要求: 包括的書法

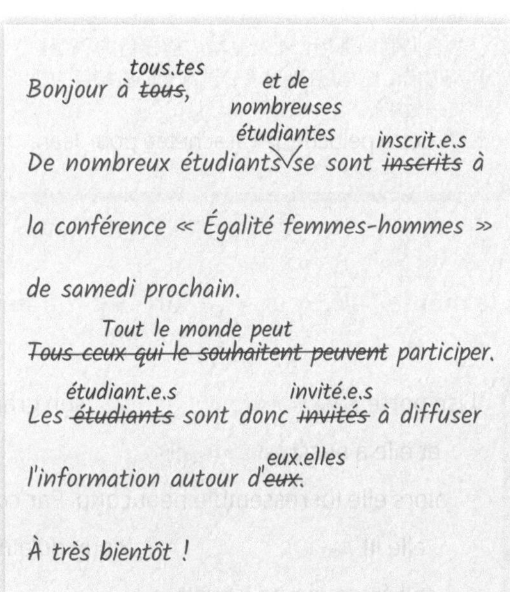

Bonjour à ~~tous~~ tous.tes,

De nombreux étudiants [et de nombreuses étudiantes] se sont ~~inscrits~~ inscrit.e.s à la conférence « Égalité femmes-hommes » de samedi prochain.

~~Tous ceux qui le souhaitent peuvent~~ Tout le monde peut participer.

Les ~~étudiants~~ étudiant.e.s sont donc ~~invités~~ invité.e.s à diffuser l'information autour d'~~eux~~ eux.elles.

À très bientôt !

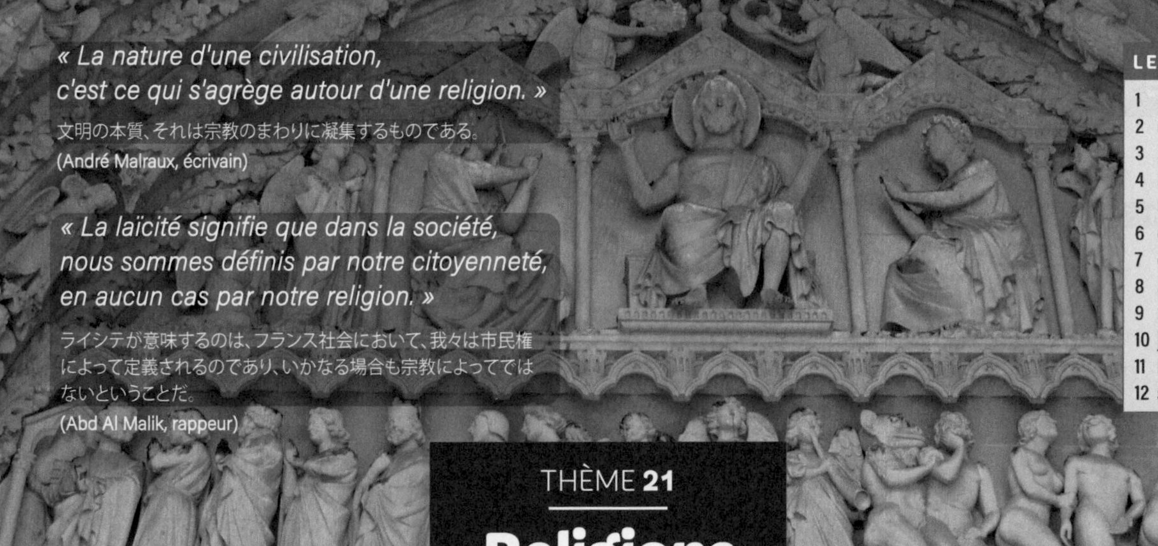

« La nature d'une civilisation, c'est ce qui s'agrège autour d'une religion. »

文明の本質、それは宗教のまわりに凝集するものである。

(André Malraux, écrivain)

« La laïcité signifie que dans la société, nous sommes définis par notre citoyenneté, en aucun cas par notre religion. »

ライシテが意味するのは、フランス社会において、我々は市民権によって定義されるのであり、いかなる場合も宗教によってではないということだ。

(Abd Al Malik, rappeur)

LES PREMIERS MOTS

1 Dieu (un dieu) :
2 croire :
3 prier :
4 le paradis :
5 l'enfer :
6 chrétien(ne) :
7 catholique :
8 protestant(e) :
9 musulman(e) :
10 juif(ve) :
11 bouddhiste :
12 shintoïste :

Le Jugement dernier (la cathédrale de Metz)

THÈME **21**

Religions et laïcité

En France, la religion la plus ancienne est le catholicisme, mais d'autres sont également pratiquées, notamment le protestantisme, l'islam et le judaïsme.

Il y a des points communs entre ces religions. Par exemple, catholiques, protestants, musulmans et juifs croient tous en un seul dieu. Ils croient aussi au « Jugement dernier » : leurs actions seront jugées par Dieu et ils seront envoyés au paradis ou en enfer selon qu'ils ont fait le bien ou le mal. Enfin, tous pensent qu'on ne peut pratiquer qu'une seule religion. Ils sont d'ailleurs surpris de voir des Japonais se marier à la manière shintoïste ou chrétienne puis avoir des funérailles bouddhistes.

Aujourd'hui multiconfessionnelle[1], la France est aussi, paradoxalement, l'un des pays les moins religieux du monde. D'abord, de moins en moins de Français se marient à l'église, font baptiser leurs enfants et sont enterrés selon les rites catholiques. Et parmi eux, très peu sont vraiment pratiquants[2], c'est-à-dire qu'ils prient et vont à la messe le dimanche matin. Plus de 40% des Français se disent[3] même « athées » ou « agnostiques ». Quant à la République française, elle est laïque depuis 1905, date de la loi sur la séparation de l'Église et de l'État.

Le principe de laïcité protège les libertés religieuses, mais il place en même temps les règles de la République au-dessus des religions. À l'origine, cette loi a été créée pour préserver l'État contre l'influence de l'Église catholique. Aujourd'hui, elle sert surtout à rapprocher les citoyens en demandant à chacun, quelle que soit[4] sa foi religieuse, de respecter les droits fondamentaux de la République : égalité, liberté d'expression, etc.

Appliquer strictement ce principe de laïcité pose cependant diverses questions. Faudrait-il refuser toute revendication d'origine religieuse (port du voile au lycée, menu halal dans les cantines des écoles publiques, etc.) ? D'autre part, faudrait-il interdire dans l'espace public toutes les traditions ayant une origine catholique ?

1 *multiconfessionnel(le)* : 多宗教の **2** *pratiquant(e)* : 宗教の掟を実践する人 **3** *se dire ~* : 自分のことを～であると言う **4** *quel(le) que soit ~* : ～がどんなものであろうと

La grande mosquée de Paris

La synagogue de Reims

Une crèche

Exercices

Les mots-clés

Comment dit-on ~ en français ?

1 非宗教性・政教分離　2 信仰している（人）
3 宗教の掟を実践する（人）　4 無神論者　5 ミサ

athée　pratiquant(e)　la messe　croyant(e)　la laïcité

L'expression

le* 名詞 le* plus / le* moins 形容詞

最も〜な / 最も〜でない（*名詞の性・数に一致）

フランスで最も実践されている宗教はカトリックであり、最も有名な（connu(e)）カトリックの祝祭（les fêtes）はクリスマス（Noël）とイースター（Pâques）だ。

En France, ...

....

....

LA GRAMMAIRE

受動態
la voix passive

① 作り方

être + 過去分詞 + par + 動作主（過去分詞は主語に性・数一致）

ex Nos actions sont jugées par Dieu.

② 注意点

1. 受動態の主語になれるのは能動態の直接目的語のみ。間接目的語は受動態の主語になれない。
   ex ~~Les hommes sont parlés par Dieu.~~
2. 動作主を明示する必要がない場合、「par 動作主」は省略される。また能動態の主語が on の場合、受動態では動作主を表さない。
3. 動詞が感情や状態を表す場合、de を使って動作主を表すことが多い。
   ex être aimé de/par, être connu de/par

La distinction

croire en ~ ≠ ***croire à ~***
〜を信じる（神）　〜（の存在）を信じる（神以外）

Il ne croit pas .... Dieu (男名),
mais il croit .... vie (女名) après la mort.
Et puis il croit .... beaucoup d'autres choses,
par exemple .... fantômes (男名), ... ovnis (男名),
et même .... Père Noël (男名) !

LA COMPRÉHENSION

DAPF

❶ Vrai ou faux ? 正誤問題。答えに関係する文を本文から抜き出しなさい。

1. Il est possible d'être à la fois catholique et protestant.
   ☐ VRAI　☐ FAUX
2. Tous les catholiques vont à la messe le dimanche.
   ☐ VRAI　☐ FAUX
3. La laïcité est une loi contre la liberté religieuse.
   ☐ VRAI　☐ FAUX
4. La loi sur la laïcité est facile à appliquer.
   ☐ VRAI　☐ FAUX

❷ Répondez. 本文の一部を使いながら、質問に答えなさい。

1. Quelles sont les quatre religions les plus pratiquées en France ?
2. Ces religions sont-elles totalement différentes ?
3. Citez trois arguments montrant que la France est un pays peu religieux.
4. À quoi sert la loi sur la laïcité ?

❸ Transformez au passif. 受動態の文に書き直しなさい。

1. Pour les chrétiens, Dieu juge chaque homme.
2. Pour les chrétiens, Dieu connaît tous nos actes.
3. On a construit la cathédrale Notre-Dame il y a plusieurs siècles.
4. On célèbre la résurrection de Jésus à Pâques.
5. Un prêtre étranger m'a baptisé.
6. En France, on peut pratiquer de nombreuses religions.

Et vous ?

1. *Vous intéressez-vous aux religions ?*
2. *Quelles sont les religions pratiquées au Japon ?*
3. *À quoi croyez-vous ?* 例 *l'astrologie - les fantômes - les ovnis - le paradis - la réincarnation, etc.*
4. *Qu'est-ce qui vous a surpris(e) dans cette leçon ?*
   (☛ Ce qui m'a le plus surpris(e), c'est que...)

Documents

Le saviez-vous ?

フランスは宗教が二次的な地位を占める非宗教性の高い国とされています。しかしパリのノートルダム大聖堂が焼失した際、大きな悲しみが国中を襲いました。自分は無神論者だと明言している人でさえ、涙を抑えることができなかったのです。このことは、宗教が今なおお重要な一部をなしている自身の文化的・歴史的バックグラウンドに対して、宗教的実践(ミサへの参加など)や宗教的信仰の有無にかかわらず、フランス人が愛着を持ち続けていることを示しています。

Notre-Dame en feu (2019)

Doc 1 Quand sont nées les religions monothéistes* ?

* 一神教

L'ISLAM musulmans — LE JUDAÏSME juifs — LE CHRISTIANISME chrétiens

chiites
sunnites
juifs
orthodoxes
protestants
catholiques d'Orient
1517 la Réforme
1054 le schisme d'Orient
catholiques romains
Ali 661 (mort)
622 Mahomet
o Jésus (naissance)
-1200 Moïse (naissance)
-1900 Abraham (naissance)

Doc 2 Les Français croient-ils en Dieu ?

35% de croyants (信者)
30% d'athées (無神論者)
14% d'agnostiques (不可知論者)
13% d'indifférents (無関心な人)
8% ne répondent pas

Source : enquête Viavoice, 2021

Doc 3 Les mots-clés des religions

	LE CHRISTIANISME	L'ISLAM	LE JUDAÏSME
le nom de Dieu	Dieu	Allah	Yahvé
les figures principales	Jésus, Marie, Moïse, Abraham	Mahomet, Jésus, Moïse, Abraham	Moïse, Jacob, Isaac, Abraham
le livre fondateur	la Bible (le Nouveau Testament)	le Coran	la Torah
le guide spirituel	le prêtre (cath.) le/la pasteur(e) (prot.)	l'imam	le rabbin
le lieu de culte	l'église (cath.) le temple (prot.)	la mosquée	la synagogue
le jour de repos	le dimanche	le vendredi	du vendredi soir au samedi soir

Doc 4 À quelle religion les Français se sentent-ils liés ?

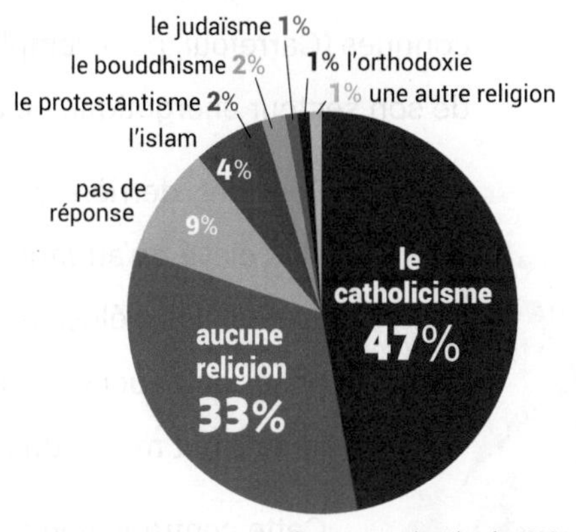

Source : enquête Viavoice, 2021

Doc 5 Où sont les catholiques pratiquants* ?

* 自分は宗教の掟を実践する(＝ミサに参加する)カトリック信者であると表明する人の割合

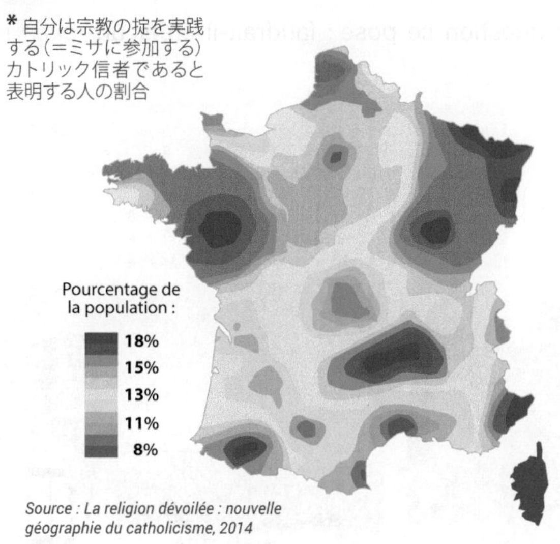

Source : La religion dévoilée : nouvelle géographie du catholicisme, 2014

Doc 6 Une campagne d'information sur la laïcité

Affiche réalisée par Julien Micheau (lycéen), 2015

LES PREMIERS MOTS

1 un produit :
2 une entreprise :
3 l'industrie :
4 l'agriculture :
5 le tourisme :
6 une banque :
7 riche :
8 pauvre :
9 acheter :
10 vendre :
11 embaucher :
12 licencier :

Une usine Airbus à Toulouse

THÈME 22

Économie et société

Septième puissance économique mondiale, la France doit cette place à[1] quelques secteurs clés. Il y a bien sûr les entreprises leaders dans leur domaine, par exemple Danone (produits laitiers), Michelin (pneus), Areva (centrales nucléaires) ou L'Oréal (cosmétiques). La France vend aussi des voitures (Renault, Peugeot, Citroën), des trains (le TGV), des médicaments et, bien sûr, beaucoup de produits de luxe (mode, gastronomie, parfums, etc.). Par ailleurs, la coopération avec ses voisins européens a permis de créer des groupes de taille mondiale pour produire les avions Airbus, la fusée Ariane, etc. Mais la France a d'autres atouts que sa production industrielle. Son tourisme occupe la première place mondiale. Son agriculture est la première d'Europe, même si beaucoup d'agriculteurs souffrent de[2] la concurrence étrangère. Ses grandes chaînes de supermarchés et d'hypermarchés sont mondialement connues (Carrefour, par exemple, est le deuxième groupe mondial du secteur). On pourrait aussi parler de son secteur énergétique (le deuxième parc nucléaire[3] mondial), de son secteur bancaire, etc.

Les soldes

Une caisse automatique dans un hypermarché

Pourtant, derrière cette force apparente, il existe une autre réalité : le taux de chômage est plus élevé qu'au Japon (plus de 7%). Les causes sont multiples : l'automatisation, la mondialisation, les délocalisations vers des pays où la main-d'œuvre est moins chère... Les entreprises embauchent moins et ont plutôt tendance à licencier. Le nombre de CDI[4] diminue et les jeunes ont même du mal à trouver un CDD[5].

Cette contradiction économique se répercute sur la société française : l'écart croissant entre riches et pauvres a créé peu à peu une « fracture sociale[6] ». Dans ce pays où il est généralement mal vu[7] d'afficher sa richesse (le « bling-bling[8] »), beaucoup trouvent choquant que certaines personnes gagnent des millions d'euros tandis que le nombre de SDF[9] augmente. Cela alimente un vieux débat politique : faut-il ou non faire payer aux plus riches un « impôt de solidarité » ? Plus récemment, une autre question se pose : faudrait-il créer un revenu universel[10] ?

1 *devoir ~ à ~ :* ～を～に負っている　**2** *souffrir de ~ :* ～に苦しむ　**3** *parc nucléaire :* 原子力発電所の保有総数　**4** *CDI (= contrat à durée indéterminée) :* 無期雇用契約　**5** *CDD (= contrat à durée déterminée) :* 有期雇用契約　**6** *fracture sociale :* （富裕層と貧困層間の）社会的階層分裂　**7** *mal vu(e) :* 悪く思われる　**8** *bling-bling :* 富の誇示・見せびらかし　**9** *SDF (= sans domicile fixe) :* ホームレス，定住所を持たない人　**10** *revenu universel :* 基礎所得保障（制度）

Le quartier d'affaires de la Défense (Paris)

Le ministère de l'Éco

Exercices

Les mots-clés

Comment dit-on ~ en français ?

1 連帯(富裕)税　2 基礎所得保障(制度)
3 グローバリゼーション　4 社会的階層分裂
5 富の誇示・見せびらかし

le revenu universel　la mondialisation　le bling-bling　un impôt de solidarité　la fracture sociale

L'expression

ne 動詞 que ~ / 動詞 seulement ~
～しか～ない、～だけ～だ

今年、6人の社員が辞め(démissionner)、私たちは1人しか雇用しなかった。したがって、会社に残っている(il reste)社員は15人だけだ。

Cette année, ...
....
....

LA COMPRÉHENSION

DAPF

1 Cochez les bonnes réponses. 正しい答えを選びなさい。

1. Quelle place l'économie française occupe-t-elle dans le monde ?
   - ☐ la septième　☐ la huitième
2. Dans quel secteur économique la France est-elle numéro 1 mondial ?
   - ☐ l'agriculture　☐ le tourisme
3. Quel succès technologique est le résultat d'une collaboration avec d'autres pays européens ?
   - ☐ le TGV　☐ les avions Airbus
4. « La fracture sociale » est un phénomène opposant...
   - ☐ riches et pauvres　☐ jeunes et personnes âgées

2 Répondez. 本文の一部を使いながら、質問に答えなさい。

1. La France fabrique-t-elle seulement des produits de luxe ?
2. À part l'industrie, quels secteurs de l'économie française sont compétitifs ?
3. Pourquoi y a-t-il beaucoup de chômeurs en France ?
4. Les inégalités ont-elles tendance à diminuer ?

LA GRAMMAIRE

数詞と様々な数量表現
les nombres

1 100、1000、100万、10億の違い

100： cent ～
1000： mille ～（注意：deux **mille** 不変）
100万： **un** million **de** + 無冠詞名詞
10億： **un** milliard **de** + 無冠詞名詞

2 小数点の言い方

ex 1,5 = un virgule cinq

3 概数の表現

1. environ / à peu près + 数詞
2. 「une ～aine de ～」 ex une dizaine de pays（他に、12, 15, 20, 30, 40, 50, 60, 100）

4 序数詞

最初の・1番目の：premier / première
2番目の、3番目の、など：deuxième, troisième

3 Traduisez. フランス語にしなさい。数字はアルファベットで書くこと。

1. 彼は月に(par mois) 1,900ユーロ稼ぐ(gagner)。
2. 私は週に約1万円貯金する(économiser)。
3. その会社を助けるために、フランスは13億ユーロ使った(dépenser)。
4. その会社は約20の異なる製品を販売している(vendre)。
5. もしあなたが年に20万ユーロ稼ぐなら、45%*の(～ pour cent de)税金(impôts)を払わなくてはならない。

(*45%の税率は課税所得のうち約17万ユーロを超えた部分にのみ適用される)

La distinction

ça coûte ~  ça fait ~
値段は～だ　(計算して)～になる

- Ça a l'air bon ! .... combien ?
- .... quatre-vingts centimes.
- Bon, j'en prends deux.
- Alors .... un euro soixante, s'il vous plaît.

Et vous ?

1. *Avant de lire ce texte, quelles entreprises ou quelles marques françaises connaissiez-vous ?*
2. *Pouvez-vous me parler de l'économie japonaise ?*
3. *Avez-vous peur d'être au chômage un jour ?*
4. *Qu'est-ce qui vous a surpris(e) dans cette leçon ?*
   (☛ Ce qui m'a le plus surpris(e), c'est que...)

Documents

Le saviez-vous ?

「フランス人は働かない」とよく言われますが、これは必ずしも正しくありません！Eurostatの統計によれば、2018年、フランス人労働者の1週間当たりの平均労働時間は37.3時間で、欧州連合加盟国の平均（36.1時間/週）を上回りました。また労働生産性においても、フランスは欧州連合加盟国の平均を上回っています。

Doc 1 Quelques entreprises du CAC 40*

*「Le CAC 40」はフランスの上場企業のうち、上位40社をまとめたもので、証券取引の指標の一つである

AIRBUS

D'après CAC 40, 2022

Doc 2 L'évolution des secteurs économiques

総雇用に占める各産業分野の割合の推移

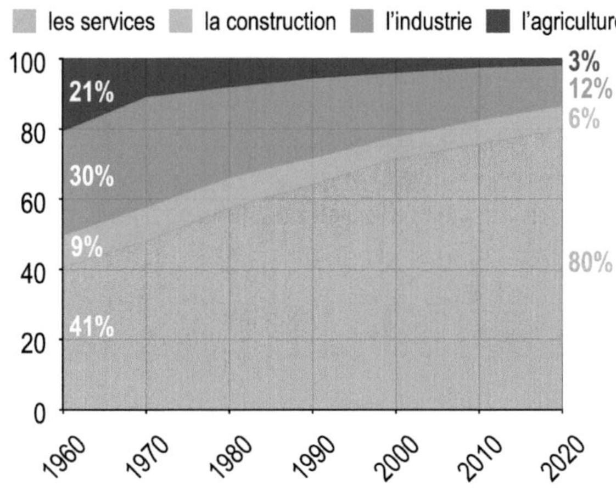

Source : INSEE

Doc 3 L'évolution du PIB*

* Produit Intérieur Brut : 国内総生産

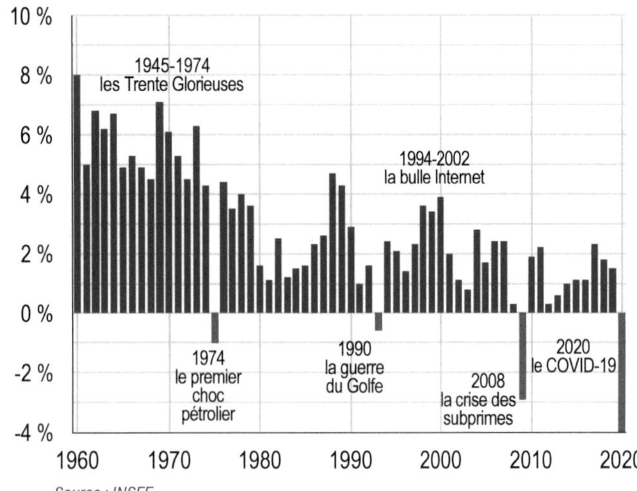

Source : INSEE

Doc 4 L'évolution du chômage 失業率の推移

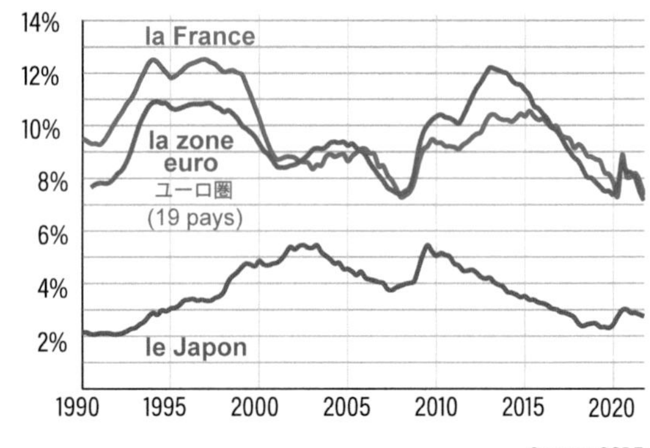

Source : OCDE

Doc 5 L'évolution de la consommation d'énergie

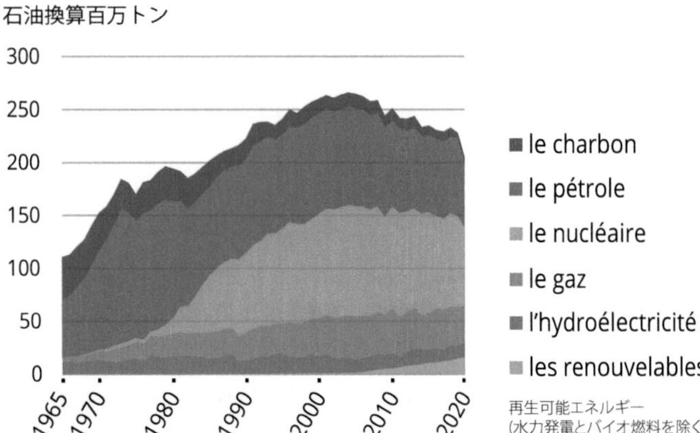

D'après BP Statistical Review of World Energy, 2021

Doc 6 Que pensent les Français du revenu universel ?

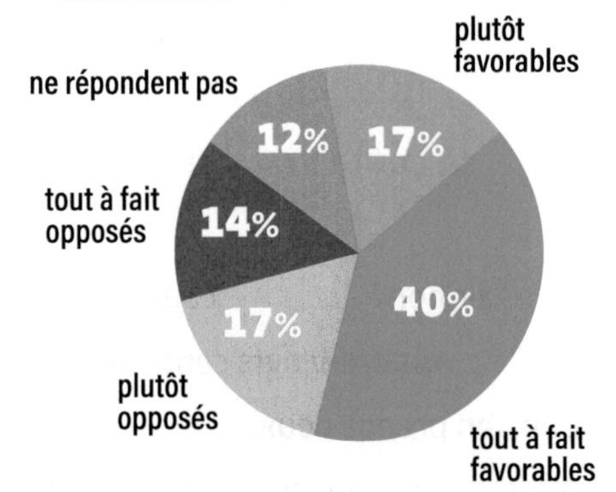

Source : enquête IFOP, 2021

Les « gilets jaunes » (2018)

LES PREMIERS MOTS

1 un conflit :
2 un gouvernement :
3 une entreprise :
4 un(e) employé(e) :
5 un syndicat :
6 une décision :
7 être pour :
8 être contre :
9 un accord :
10 un désaccord :
11 un droit :
12 un progrès :

THÈME **23**

Les conflits sociaux

On dit parfois que les Français aiment se plaindre. Cela tient sans doute au fait qu'[1] en France, les mouvements sociaux sont souvent spectaculaires...

Les Français pensent que si on n'est pas d'accord, il vaut mieux le dire et en discuter. Quand ils sont contre une décision du gouvernement, ils n'hésitent donc pas à manifester dans la rue. De même, dans les entreprises, certaines décisions sont contestées par les syndicats qui peuvent appeler à la grève s'ils n'arrivent pas à trouver un accord avec la direction.

Pour faire pression sur le gouvernement, il existe généralement deux méthodes.
La première consiste à gagner le soutien de l'opinion publique : les manifestants utilisent des slogans humoristiques, les agriculteurs distribuent gratuitement leurs légumes devant les supermarchés pour protester contre les prix trop bas...
À l'inverse, la seconde méthode consiste à gêner le plus de monde possible. Ainsi, les employés de la SNCF[2] choisissent quelquefois de faire grève au début des vacances scolaires, pour bloquer les trains au moment où beaucoup de gens en ont besoin. Ce genre de mouvement peut paraître choquant, mais les Français restent attachés au droit de grève, même s'ils en sont quelquefois victimes.

Historiquement, les manifestations et les grèves sont à l'origine de nombreux progrès. Elles ont permis d'obtenir les congés payés, la Sécurité sociale, la retraite ou encore le « mariage pour tous[3] ».
Aujourd'hui, dans un contexte économique difficile, leur objectif est plutôt de protéger les acquis sociaux[4]. Ceux qui y participent luttent par exemple contre le recul de l'âge de la retraite ou, plus généralement, s'insurgent contre la baisse de leur niveau de vie, comme les « gilets jaunes[5] » en 2019.
Enfin, les Français n'hésitent pas à manifester pour « s'engager[6] », c'est-à-dire défendre une cause[7] plus vaste que leurs droits individuels : le mouvement « Nuit debout » demande plus de démocratie, la « Marche des fiertés[8] » plus de respect des différences, les « Marches pour le climat » plus d'écologie, etc.

Quatre exemples de manifestations

1 Pour le respect des minorités

2 Pour protéger les « sans papiers »

3 Pour défendre la recherche archéologique

4 Pour protéger les acquis sociaux des fonctionnaires

1 *cela tient au fait que ~ :* それは～という事実に起因する　**2** *la SNCF (= Société nationale des chemins de fer français) :* フランス国有鉄道　**3** *le mariage pour tous :* みんなのための結婚（→ p.19 « Le saviez-vous ? »）　**4** *acquis social :* 社会保障や労働条件などに関する既得権　**5** *les gilets jaunes :* 黄色いベスト運動（購買力低下をもたらす政府の政策に対するフランス全土での抗議運動）　**6** *s'engager :* 政治（社会）問題に参加する　**7** *cause :* 主義主張, 信条　**8** *la Marche des fiertés :* プライド・パレード（LGBTの尊重を目的とする運動）

Exercices

Les mots-clés

Comment dit-on ~ en français ?

1 主義主張, 信条　2 ストライキ　3 デモ
4 社会保障等に関する既得権　5 生活水準

une grève　un acquis social
une manifestation
une cause
le niveau de vie

L'expression

être d'accord (avec ~)
(~に) 賛成する・(~と) 同意見だ

彼は私生活 (la vie privée) よりも仕事の方が大切だと思っているが、彼女は彼と同意見ではない。

Il trouve que ....

....

....

LA COMPRÉHENSION

DAPF

1 Cochez les bonnes réponses. 正しい答えを選びなさい。(複数解答あり)

1. Quelles catégories de population sont évoquées dans le texte ?
   - ☐ les fonctionnaires
   - ☐ les agriculteurs
   - ☐ les employés de la SNCF
2. Quels objectifs sont évoqués dans le texte ?
   - ☐ protéger sa qualité de vie
   - ☐ protéger la retraite
   - ☐ réduire le temps de travail
3. Quelles grandes causes sont évoquées dans le texte ?
   - ☐ l'égalité hommes-femmes
   - ☐ la protection de la planète
   - ☐ la protection du service public

2 Répondez. 本文の一部を使いながら、質問に答えなさい。

1. Lors d'une grève ou d'une manifestation, quelles sont les deux stratégies opposées pour obtenir ce que l'on veut ?
2. Les grèves et les manifestations ont-elles été utiles dans le passé ?
3. Actuellement, l'objectif des grèves ou des manifestations est-il encore d'obtenir de nouveaux droits ?
4. Les Français qui participent à des manifestations veulent-ils toujours protéger leurs avantages ?

LA GRAMMAIRE

中性代名詞 y, en
les pronoms neutres *y* et *en*

1 中性代名詞 y

1. 「à + もの・こと」を受ける。
   ex Les Français **y** participent.
   (y = aux grèves)
2. 「場所の前置詞 (de を除く) + 名詞」を受ける。
   ex Les grèves **y** sont moins nombreuses.
   (y = en France)

2 中性代名詞 en

1. 「de + もの・こと」を受ける。
   ex Ils bloquent les trains quand les gens **en** ont besoin. (en = des trains)
2. 直接目的語を受ける。(→ p.61)

3 Complétez en utilisant un pronom. 指示された語句と y, en を用いて、文を完成させなさい。注意：代名詞 le を使う箇所がある。

Léo habite à Toulouse et il ____ (1. travailler à ~). C'est un bon travail et il ____ (2. parler de ~) souvent, car il ____ (3. être très fier de ~). Il ne veut pas ____ (4. changer de ~). Malheureusement, le patron a décidé de délocaliser l'entreprise à l'étranger. Léo est en colère contre cette décision et il veut ____ (5. s'opposer à ~). Il a une famille, alors ce travail, il ____ (6. avoir besoin de ~) ! Et puis s'il ____ (7. perdre ~), il devra en chercher un autre, et il ____ (8. ne pas avoir envie de ~). Bien entendu, il ne veut pas non plus être au chômage... Il ____ (9. penser à ~) souvent et il ____ (10. avoir très peur de ~) ! Lundi, il y aura une manifestation, alors il va ____ (11. participer à ~).

La distinction

participer à ~　～に参加する
assister à ~　～を目撃する、～に居合わせる

Comme elle habite dans la capitale, elle .... souvent à des manifestations. Par contre, elle n'a jamais .... à une manifestation ou à une grève.

Et vous ?

1. *Vous plaignez-vous souvent ? De quoi, par exemple ?*
2. *Avez-vous déjà participé ou assisté à une grève ou à une manifestation ?*
3. *Avez-vous envie de vous engager ? Pour quelle cause, par exemple ?*
4. *Qu'est-ce qui vous a surpris(e) dans cette leçon ?*
   (☛ Ce qui m'a le plus surpris(e), c'est que...)

Documents

Le saviez-vous ?

フランスでは、抗議活動は様々な形態をとります。それは時に創造性にあふれ、私たちを驚かせます。いくつか例を紹介しましょう。遺伝子組み換え食品の使用に対する抗議を目的としたマクドナルド店舗の破壊、大手流通企業の過度な利幅を暴露するためのスーパーマーケット内でのピクニック、異常気象に対して十分な対策を講じない政府に対する告訴、公共の場で突如行われるゲリラパフォーマンス（フラッシュモブ）などがあります。

Le mouvement « Nuit debout »

Doc 1 Pour les Français, quels moyens d'expression sont efficaces ? （1〜2回答/人）

Moyen	%
Voter aux élections 選挙での投票	54%
Boycotter une entreprise 企業に対する排斥・不買運動	25%
Faire grève ストライキ	21%
Manifester デモへの参加	21%
Désobéir aux autorités 権力への不服従	10%
Militer dans une association 団体・組合での活動	9%
Militer dans un parti 政治団体での活動	6%
Militer dans un syndicat 労働組合での活動	6%
Discuter sur Internet インターネットでの討議	4%

Source : enquête OpinionWay, 2021

Doc 2 Quelques exemples de grands mouvements sociaux

1995	grandes manifestations contre *la réforme de la Sécurité sociale** * 社会保障制度改革
2016	(« Nuit debout ») *occupations de lieux publics** pour y organiser des débats et réfléchir à une société plus juste * 公共の場所の占拠
2018	manifestations des lycéens contre *le nouveau système de sélection des universités** * 新大学入試選抜制度
2018-2019	(« les gilets jaunes ») mouvement de protestation contre *la baisse du pouvoir d'achat** * 購買力の低下
2023	manifestations contre *le recul de l'âge de la retraite** * 年金支給開始年齢の引き上げ

Doc 3 La baisse de la syndicalisation et du nombre de jours de grève 労働組合加入率とストライキの実施日数

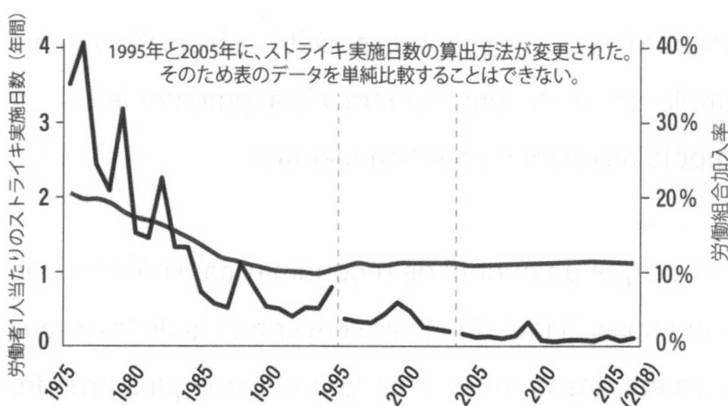

Source : ministère du Travail

Doc 4 Les principales formes de conflit dans les entreprises 50人以上の従業員を有する企業における主な労働争議の形態

Forme	該当する企業の割合
pas de conflit 労働争議なし	≈72%
la grève ストライキ	≈17%
le débrayage 時限ストライキ	≈12%
la pétition 請願（書）	≈10%
la manifestation デモ	≈8%
le refus d'heures supplémentaires 残業の拒否	≈6%
la grève du zèle 順法闘争	≈2%

D'après ministère du Travail, chiffres de 2017

Doc 5 Pour quelles causes les Français s'engagent-ils (par des actions) ?

Cause	%
le changement climatique	16%
les libertés individuelles	16%
la protection des animaux	16%
les inégalités et la pauvreté	15%
les droits de l'homme	15%
les violences sexuelles	15%
une alimentation plus écologique	14%
les discriminations sur le handicap	14%
l'égalité homme-femme	13%
défendre les services publics (hôpital, etc.)	12%
les discriminations raciales et religieuses	11%
les activités nocives pour la santé (engrais, etc.)	11%
les discriminations sur l'apparence	10%
l'homophobie	10%
la situation internationale	7%
les questions d'identité, de genre	7%

D'après enquête BVA, Fondation Jean Jaurès, 2021

LES PREMIERS MOTS

1 la politique :
2 un(e) homme (femme) politique :
3 un parti :
4 une élection :
5 le (la) président(e) :
6 le (la) premier(ère) ministre :
7 un(e) député(e) :
8 un(e) maire :
9 une république :
10 voter :
11 élire :
12 diriger :

L'Assemblée nationale

THÈME **24**

Les Français et la politique

La politique est l'un des sujets de conversation favoris des Français quand ils sont entre amis ou en famille. Il est vrai qu'ils doivent souvent voter : ils élisent directement leur président (qui nomme ensuite le Premier ministre), leurs députés, le maire de leur ville ou même leurs députés européens.

Depuis plusieurs décennies, la France a régulièrement changé de majorité[1] politique, dirigée tantôt par la droite, tantôt par la gauche, tantôt par les deux. Il peut même y avoir « cohabitation[2] » entre un président et un Premier ministre de partis opposés.
Traditionnellement, l'opposition entre « gauche » et « droite » repose surtout sur une différence de méthodes.
Pour la gauche, il faut s'occuper d'abord du social[3], car si la société va bien, l'économie s'améliorera aussi. Il faut par exemple réduire le temps de travail, augmenter le salaire minimum[4] et faire payer plus d'impôts aux riches pour financer la protection sociale[5], le système scolaire ou les services publics[6].
Pour la droite au contraire, il faut s'occuper en priorité de l'économie, car si l'économie va bien, la qualité de vie s'améliorera aussi. Il faut donc faire payer moins de taxes aux entreprises, car ce sont elles qui créent des emplois. Il ne faut pas non plus prendre trop d'argent aux riches pour le redistribuer[7] : chacun doit se débrouiller[8] pour subvenir à ses besoins[9] par son travail.

Emmanuel Macron pendant la campagne présidentielle

Aujourd'hui, ces différences entre gauche et droite sont de moins en moins évidentes : alors que l'inquiétude face à[10] l'avenir augmente, l'opposition se fait de plus en plus entre partis traditionnels et partis populistes ou extrémistes.
Le rejet des partis traditionnels se double[11] parfois d'un rejet du système politique : beaucoup ne vont plus voter, car ils trouvent que cela ne sert à rien. Certains militent pour une nouvelle forme de démocratie plus « participative[12] », c'est-à-dire qui permettrait aux citoyens de donner plus souvent leur avis sur les décisions importantes, mais aussi de faire des propositions.

1 *majorité* : 与党　**2** *cohabitation* : 保革共存　**3** *social* : 社会問題　**4** *salaire minimum* : 最低賃金　**5** *protection sociale* : 社会保護（保障）　**6** *service public* : 公共サービス　**7** *redistribuer ~* : ～を再分配する　**8** *se débrouiller* : （難局を）切り抜ける，うまくやる　**9** *subvenir à ses besoins* : 生活費を捻出する　**10** *face à ~* : ～に直面して　**11** *se doubler de ~* : ～を伴う　**12** *participatif(ve)* : 参加型の

Un débat à l'Assemblée nationale

Exercices

Les mots-clés

Comment dit-on ~ en français ?
1 右派　2 民主主義　3 フランス共和国
4 保革共存　5 左派

la gauche　la droite
la cohabitation
la République
la démocratie

L'expression

se débrouiller (pour 不定詞)
なんとかする、うまくやる、切り抜ける

私は失業中だ (être au chômage)、そして誰も私を助けてくれない、だから (alors) 一人で (seul) なんとかする!

Je ....
....
....

LA COMPRÉHENSION

DAPF

1 Retrouvez dans le texte les personnalités politiques qui travaillent dans ces institutions. 次の機関で働く人を本文から見つけなさい。

1.	le palais de l'Élysée 大統領官邸	*le président*
2.	le palais de Matignon 首相官邸	
3.	l'Assemblée nationale 国民議会	
4.	la mairie 市(区)役所・町(村)役場	
5.	le Parlement européen 欧州議会	

2 Répondez. 本文の一部を使いながら、質問に答えなさい。

1. Quels dirigeants politiques sont élus par les Français ?
2. Qu'est-ce qui est prioritaire pour la gauche ?
3. Qu'est-ce qui est prioritaire pour la droite ?
4. Comment la politique française a-t-elle évolué récemment ?

LA GRAMMAIRE

複数の意味・用法を持つ語
les mots à plusieurs sens

1 de
- 前置詞
- 不定冠詞 (= des)
- 否定の de

2 du
- 部分冠詞
- de + 定冠詞 le の縮約

3 des
- 不定冠詞
- de + 定冠詞 les の縮約

4 le, la, les
- 定冠詞
- 直接目的語人称代名詞

5 en
- 前置詞
- 中性代名詞

6 lui
- 人称代名詞強勢形
- 間接目的語人称代名詞

7 leur
- 所有形容詞
- 間接目的語人称代名詞

8 que
- 接続詞 / 関係代名詞
- 疑問代名詞

3 Quel mot est utilisé deux fois dans la phrase ?
文中で2度、異なる意味・用法で使われる語を入れなさい。

1.	*des*	Les impôts ? Français financent ? aides sociales.
2.		J'ai voté pour ? maire actuel, car je ? trouve compétent.
3.		Il y a un président ? France, mais il n'y ? a pas au Japon.
4.		Le fils ? ministre des sports fait ? tennis.
5.		Les habitants sont en colère, car ? maire ne ? dit rien.
6.		? va faire le président ? les Français ont choisi ?
7.		Je ? parle de politique, mais ? , il ne donne pas son avis.
8.		En France, il y a ? nombreux changements ? majorité.

La distinction

penser que ~
頭で考えた論理的思考に基づく意見・判断

≠

trouver que ~
他の意見が存在することを認めつつ、個人的な意見や観点、主観的・感情的判断を述べる

Je .... que ce candidat va gagner les élections, mais personnellement, je .... que c'est vraiment dommage, parce que je .... qu'il est malhonnête.

Et vous ?

1. *Vous intéressez-vous à la politique ?*
2. *Vous arrive-t-il de parler de politique avec votre famille ou vos amis ?*
3. *Trouvez-vous important de voter ?*
4. *Qu'est-ce qui vous a surpris(e) dans cette leçon ?*
   (☛ Ce qui m'a le plus surpris(e), c'est que...)

Documents

Le saviez-vous ?

政治に関するフランス人の意見は変わりやすく、与野党の逆転がよく起こります。ときには、右派の大統領が左派の首相を任命したり、その逆もありうるのです！この奇妙な現象は、大統領の任期中に、国民議会選挙で野党が過半数を獲得することで起こります。これを「コアビタシオン（保革共存）」と呼びます。

Doc 1 Le système politique français (simplifié)

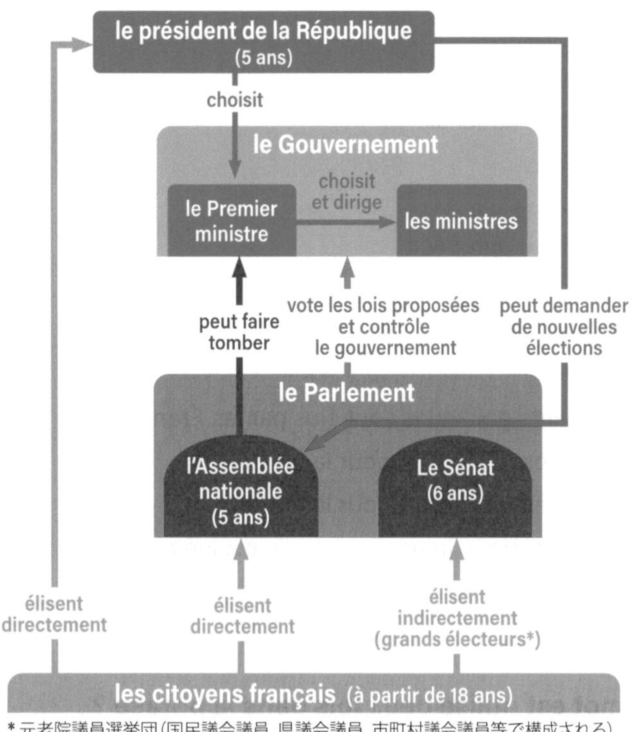

* 元老院議員選挙団（国民議会議員、県議会議員、市町村議会議員等で構成される）

D'après la Constitution de la Cinquième République

Doc 2 Quelques grands sujets politiques

1. **L'écologie** doit-elle primer sur les intérêts économiques ?
環境保護は経済的利益より優先されるべきか？
2. Faut-il reculer l'âge de **la retraite** ?
年金の支給開始年齢を引き上げるべきか？
3. Comment faut-il gérer **l'immigration** ?
移民問題をどのように管理するべきか？
4. Faut-il privatiser **les services publics** ?
公共サービスを民営化するべきか？
5. Faut-il donner plus de pouvoir à **l'Europe** ?
ヨーロッパにより多くの権力を与えるべきか？
6. Faut-il faire payer plus d'impôts aux **riches** ?
富裕層にもっと税金をかけるべきか？
7. Faut-il demander **l'avis des citoyens** pour les grandes décisions politiques ?
重要な政治的決定に関して、市民に意見を求めるべきか？

Doc 3 L'élection présidentielle de 2022 : les affiches de quelques candidats et leur parti

Un autre monde est possible
Mélenchon

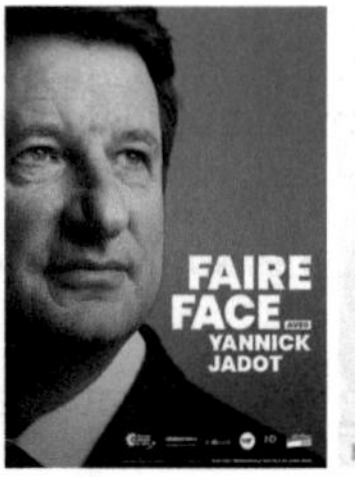

RECONQUÊTE!

la gauche radicale — la gauche — le centre — la droite — l'extrême droite

Doc 4 Qui sont les derniers présidents français ?

Charles de Gaulle (1959–1969) · Georges Pompidou (1969–1974) · Valéry Giscard d'Estaing (1974–1981) · François Mitterrand (1981–1995) · Jacques Chirac (1995–2007) · Nicolas Sarkozy (2007–2012) · François Hollande (2012–2017) · Emmanuel Macron (2017–2027)

1959 · 1969 · 1974 · 1981 · 1995 · 2007 · 2012 · 2017 · 2027

Le président Emmanuel Macron au Conseil européen (2018)

LES PREMIERS MOTS

1 une union :
2 une guerre :
3 la paix :
4 la stabilité :
5 une frontière :
6 une monnaie :
7 un échange :
8 un projet :
9 un avantage :
10 un inconvénient :
11 optimiste :
12 pessimiste :

THÈME 25

Français ou européens ?

Après une Seconde Guerre mondiale qui les avait une nouvelle fois opposés, les pays d'Europe ont décidé non seulement de se réconcilier, mais de s'unir pour créer un espace de paix.

Une utopie ? Aujourd'hui, l'Union européenne (UE) réunit 27 pays, qui ont notamment en commun un « marché unique[1] » sans frontières, une monnaie, des lois, un parlement, un drapeau, un hymne, et même une devise : « Unis dans la diversité ».

Pourtant, les Français ont un rapport ambigu à l'Europe : ils pensent qu'en faire partie a des avantages, mais aussi des inconvénients.

Les plus optimistes disent que l'UE est une garantie de stabilité après des siècles de guerres. Ils y voient aussi une opportunité pour être plus forts face aux autres grands blocs[2]. Ils sont fiers du succès de grands projets européens comme Airbus[3] ou encore la fusée Ariane[4]. Ils rappellent en outre que les agriculteurs français reçoivent des aides de la PAC[5]. Quant aux jeunes, ils ont la possibilité de faire une partie de leurs études dans un autre pays de l'UE grâce au programme d'échange Erasmus[6].

Pour les plus pessimistes, au contraire, faire partie de l'UE est un risque. Ils craignent que la France y perde son identité culturelle. Ils veulent surtout qu'elle conserve sa liberté et son indépendance, regrettant que les lois européennes soient au-dessus des lois nationales dans certains domaines. Enfin, sur le plan[7] économique, ils trouvent injuste qu'en ouvrant les frontières, on mette les entreprises françaises en concurrence directe avec celles d'autres pays européens où la main-d'œuvre est moins chère. Certains, minoritaires, rêvent même d'un « Frexit[8] » !

Ainsi, entre craintes et immenses espoirs, l'Europe est un sujet qui divise les Français et constitue une cible de choix[9] pour les souverainistes[10]. Pourtant, l'adhésion[11] des peuples est indispensable pour que l'on puisse réussir les prochaines étapes de la construction européenne et faire de ce rêve européen une réalité.

Le Parlement européen à Strasbourg

1 *marché unique* : 単一市場　2 *bloc* : （政治・経済面での）ブロック, 圏　3 *Airbus* : エアバス（航空宇宙機器開発メーカー・エアバス社）　4 *la fusée Ariane* : アリアン（欧州宇宙機関が開発した人工衛星打ち上げ用ロケット）　5 *la PAC (= la politique agricole commune)* : 共通農業政策　6 *Erasmus* : エラスムス・プログラム（EU圏内の高等教育機関への交換留学制度）　7 *sur le plan ~* : ～の面で　8 *frexit* : フレクシット（フランスの欧州連合離脱を指す。イギリスの欧州連合離脱「Brexit」に掛けている）　9 *cible de choix* : 格好のターゲット　10 *souverainiste* : 主権主義者（欧州統合に留保的態度をとる政治家を指す）　11 *adhésion* : 同意, 賛同

Le Parlement européen à Strasbourg

Exercices

Les mots-clés

Comment dit-on ~ en français ?

1 共通農業政策　2 フランスの欧州連合離脱
3 欧州連合　4 エラスムス・プログラム　5 独立

le Frexit / l'Union européenne / Erasmus / la PAC / l'indépendance

L'expression

faire partie de ~
〜に所属する、〜の一部をなす

スイスはヨーロッパにあるが、欧州連合に属してない。私は、それは残念だと思っている(penser)人々(les gens)の一人だ。

La Suisse ....

....

....

LA COMPRÉHENSION

❶ Cela existe-t-il dans l'UE ? 次のものは EU に存在していますか？

un président / un drapeau / un hymne / une monnaie / une armée / un parlement / une langue commune / un marché commun / des lois / un programme d'échange universitaire / un niveau de salaire égal / une politique agricole

Oui	Non	Ce n'est pas précisé (本文で明示されていない)

❷ Répondez. 本文の一部を使いながら、質問に答えなさい。

1. Au début, quel était l'objectif de la construction européenne ?
2. Pour l'instant, que partagent les pays de l'Union européenne ?
3. Quels sont les avantages de l'Union européenne ?
4. Pourquoi certains Français sont-ils contre l'Union européenne ?

LA GRAMMAIRE

接続法現在
le subjonctif présent

1 活用

1. 原則：直説法現在 ils の語幹
   ＋語尾 (**-e, -es, -e, -ions, -iez, -ent**)
2. 語幹が2つある動詞（直説法現在で ils と nous の語幹が異なるもの） ex prendre : **prenn-/pren-**
3. 特殊な活用： être (**sois / sois / soit / soyons / soyez / soient**), avoir (**aie / aies / ait / ayons / ayez / aient**), faire (**fass-**), pouvoir (**puiss-**), savoir (**sach-**), aller (**aill- / all-**), vouloir (**veuill- / voul-**), devoir (**doiv- / dev-**)

2 用法

以下の動詞・表現の後の que 節で用いる。

1. 願望 ex vouloir que, souhaiter que
2. 感情 ex être content(e) que, avoir peur que
3. 判断 ex il est bien que, trouver bien que
4. 不確実性・疑念 ex il est possible que
5. 必要 ex il faut que
6. 一部の接続詞句など ex pour que, avant que

❸ Mettez les verbes au subjonctif. 動詞を接続法現在に活用させなさい。
（※問題6のみ、接続法過去）

1. Je crains que l'Europe (être) divisée sur beaucoup de sujets.
2. Il est possible que mon fils (faire) ses études en Allemagne.
3. Je suis triste que les Anglais ne (vouloir) plus être européens.
4. Nous souhaitons que l'Europe (pouvoir) rester unie.
5. Je voudrais que l'Europe (devenir) un jour un seul pays.
6. Je trouve bien que l'UE (avoir reçu) le prix Nobel de la paix.
7. Les pays se sont unis pour qu'il n'y (avoir) plus de guerre.
8. Il faut que les députés européens (aller) régulièrement à Bruxelles et à Strasbourg pour assister* à des réunions.

* 注意：接続法を使う場合、原則主節と従属節の主語は異なる。同じ場合は不定詞を使う。

La distinction

une culture 文化 ≠ ***une tradition*** 伝統

En Europe, chaque pays a sa propre ....

Je m'intéresse à .... française

parce qu'elle est très riche

et il y a beaucoup de .... anciennes.

Et vous ?

1. *Êtes-vous déjà allé(e) en Europe ? Dans quels pays ? Quels pays européens voudriez-vous visiter ?*
2. *Que pensez-vous de cette idée d'unir les pays européens ?*
3. *En Asie, existe-t-il une union comme l'UE ?*
4. *Qu'est-ce qui vous a étonné(e) dans cette leçon ?*
   (☛ Je trouve étonnant/incroyable/bien/dommage que + 接続法)

Documents

Le saviez-vous ?

ヨーロッパを象徴するプログラムの一つである「エラスムス・プログラム」は1987年に始まりました。このプログラムでの留学は言語を学び、他国籍の友人を作る素晴らしい機会であると同時に、それ以上の意味があります。フランスで大ヒットした映画『スパニッシュ・アパートメント』がそれをよく表しています。この映画では、エラスムス・プログラムでスペインに留学したフランス人学生がヨーロッパ諸国から来た6人の学生とアパートをシェアしながら、異文化コミュニケーションや他者との共生について多くのことを学びます。

Doc 1 Les étapes de la construction européenne

Doc 2 Le coût de la main d'œuvre dans les pays de l'UE EU加盟国における人件費（1時間当たりの労働者の賃金）

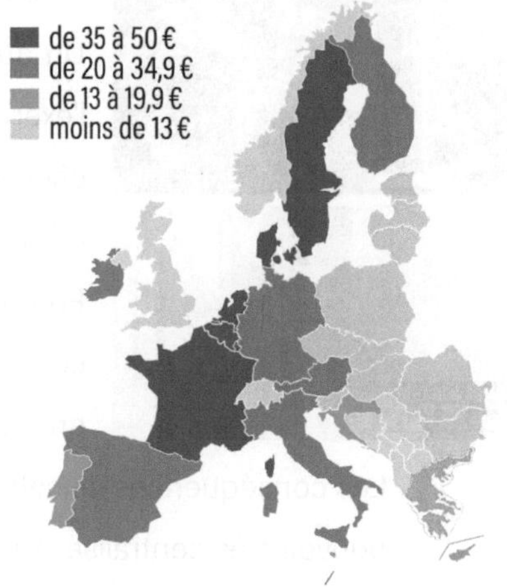

Source : Eurostat, 2018

Doc 3 La population des 27 pays de l'UE

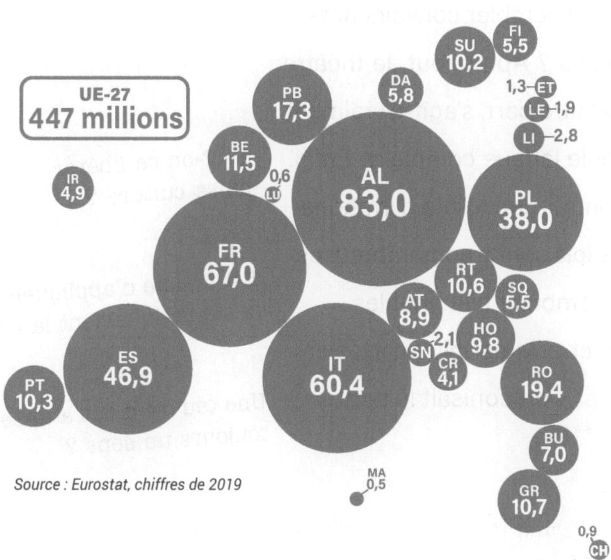

Source : Eurostat, chiffres de 2019

Doc 4 Que pensent les Français de l'UE ?

	2011	2021
c'est une bonne chose	47%	44%
ce n'est ni une bonne, ni une mauvaise chose	30%	29%
c'est une mauvaise chose	23%	24%

Source : enquête OpinionWay, 2022

LES PREMIERS MOTS

1 rationnel(le) :
2 logique :
3 réfléchir :
4 une idée :
5 une preuve :
6 un examen :
7 la rigueur :
8 la précision :
9 une règle :
10 une loi :
11 l'administration :
12 la philosophie :

THÈME **26**

Un esprit français ?

Il existerait, paraît-il, un « esprit français ». Il serait « frondeur » pour les uns, « épicurien » pour d'autres, mais « cartésien » est le qualificatif qui revient le plus souvent. Cet adjectif, qui vient du nom du philosophe René Descartes, est généralement utilisé comme synonyme de « rationnel ». À en croire[1] certains, les preuves de ce cartésianisme français ne manqueraient pas.

Les philosophes à la télé (sur LCI, France 2 et France 5)

Il y aurait d'abord la place accordée à la philosophie dans la société : les philosophes sont invités tous les jours dans les médias pour commenter l'actualité ; des débats philosophiques sont organisés dans les cafés ; à l'épreuve de « philo » du bac, les lycéens doivent montrer qu'ils sont capables de raisonner, c'est-à-dire de réfléchir de façon logique, sans céder aux passions.

Un autre signe de ce goût pour[2] le raisonnement serait le rôle central accordé à l'exercice de dissertation dans la formation des jeunes Français. Ils apprennent en effet à construire des plans[3] qui organisent parfaitement leurs idées et font apparaître un cheminement logique rigoureux.

Pour certains, cette même « obsession » de rigueur et de précision expliquerait la complexité de la grammaire française (articles, pronoms, temps[4], modes[5], etc.) et la grande variété de son vocabulaire.

Les conséquences de cette quête de rationalité apparaîtraient notamment dans l'organisation du pays : pouvoir très centralisé, administration puissante, nombre record de lois... Plus surprenant, de nombreux exemples prouveraient que même l'art français repose sur des principes d'ordre et d'équilibre très stricts : le théâtre classique et ses « trois unités », le jardin « à la française », l'urbanisme haussmannien, etc.

C'est vrai, tous ces arguments, mis bout à bout[6], peuvent sembler convaincants. Mais d'un autre côté, ne sont-ils pas des généralisations ? Après tout, le théâtre classique ne représente pas tout le théâtre français. D'autre part, s'agit-il vraiment de spécificités françaises ? Le français n'est pas la seule langue complexe. Enfin, ces arguments ne peuvent-ils être retournés[7] et démontrer une forme d'irrationalité ? La lourdeur administrative peut être absurde, les lois sont trop nombreuses pour être applicables, certaines règles de grammaire semblent bien inutiles...

Bref, peut-on croire qu'il existe un « esprit français » et qu'il est plus cartésien que d'autres ? Rappelons que Descartes, en toute chose[8], préconisait le doute.

Épreuve de philosophie

Sujet 1 :
Peut-on se libérer de sa culture ?

Sujet 2 :
Est-il juste d'appliquer systématiquement la loi ?

Sujet 3 :
Une œuvre d'art a-t-elle toujours un sens ?

1 *à en croire ~ :* ~によれば　**2** *goût pour ~ :* ~に対する嗜好・関心　**3** *plan :* 構想, プラン　**4** *temps :* 時制　**5** *mode :* 法　**6** *mis bout à bout :* 一緒に並べられた　**7** *retourner ~ :* ~を逆方向に向ける、~を裏返す　**8** *en toute chose :* すべてにおいて

« Qu'en un lieu, qu'en un jour, un seul fait accompli
Tienne jusqu'à la fin le théâtre rempli. »

La règle des trois unités dans le théâtre classique
Boileau, *L'Art Poétique* (1674)

Exercices

Les mots-clés

Comment dit-on ~ en français ?

1 論理的で明晰な　2 フランス式庭園
3 小論文　4 議論　5 哲学

un débat
une dissertation
cartésien(ne)
le jardin à la française
la philosophie

L'expression

C'est vrai,
mais d'un autre côté ~
それはその通りだ、しかし一方で～

ー フランスには、たくさんの法律があります。
ー それはその通りですが、一方で(人々は)それらの法律を適用(appliquer)できません、なぜなら(それらは)多すぎる(nombreux)からです。

En France, ...
....
....

LA COMPRÉHENSION

DAPF

1 Vrai ou faux ? 正誤問題。答えに関係する文を本文から抜き出しなさい。

1. À l'épreuve de philosophie, il est important de laisser parler son cœur.
   ☐ VRAI　☐ FAUX
2. La seule difficulté de la langue française, ce sont les articles.
   ☐ VRAI　☐ FAUX
3. Le théâtre français est aussi appelé « théâtre classique ».
   ☐ VRAI　☐ FAUX
4. Il est certain qu'il existe un esprit français.
   ☐ VRAI　☐ FAUX

2 Répondez. 本文の一部を使いながら、質問に答えなさい。

1. Que signifie l'adjectif « cartésien » ?
2. Citez trois exemples montrant que la philosophie occupe une place importante dans la culture française.
3. Pourquoi le plan est-il important dans une dissertation ?
4. Pourquoi a-t-on souvent l'impression que le français est une langue très précise ?

LA GRAMMAIRE

条件法現在
le conditionnel présent

1 活用

直説法単純未来の語幹 + 語尾 (-rais,-rais, -rait, -rions, -riez, -raient)

2 用法

1. (本文中のように) 推測を表す・断定を避ける。特にマスメディアで用いられる用法。
   ex Il **existerait**, paraît-il, un esprit français.
2. 現在の事実に反する仮定をした上での想像の世界を表す (反実仮想)。
   ex Si j'étais rationnel, je **ferais** moins de bêtises !
3. 語調を緩和する。
   (je voudrais, j'aimerais, vous devriez ～ , il faudrait ～ , pourrais-je ～ ?, pourriez-vous ～ ?, serait-il possible de ～ ?, etc.)
   ex Je **voudrais** une baguette, s'il vous plaît. (願望)

3 Complétez. 日本語の文意に合わせて、動詞を適切な法・時制に活用させなさい。
注意：直説法・条件法の使い分け

1. (私の小論文を添削していただけますか?) ________ (pouvoir) -vous corriger ma dissertation, s'il vous plaît ?
2. ((小論文の) 構成にもっと注意すれば、彼の哲学の成績は良くなるだろう。)
   S'il ________ (faire) plus attention au plan, ses notes en philosophie ________ (être) meilleures.
3. (選挙後に行政簡素化の改革があるようだ。) Selon lui, il y ________ (avoir) une réforme pour simplifier l'administration après les élections.
4. (文法がもっと単純なら、もっと速く上達するのに!) Si la grammaire ________ (être) moins compliquée, je ________ (faire) des progrès plus rapidement !

La distinction

penser à ~ ≠ ***réfléchir (à ~)***
～のことを思う・考える　熟考する

- Oh, tu as l'air très sérieux ! Qu'est-ce que tu fais ?
- Je ....
- Oui, je vois bien ! Mais tu .... à quoi ?
- Je .... au plan de ma dissertation de philo.
- Ah, d'accord... Et tu .... aussi à moi ?

Et vous ?

1. *Pensez-vous que vous êtes une personne rationnelle ?*
2. *Vous intéressez-vous à la philosophie ? L'avez-vous un peu étudiée ?*
3. *À votre avis, existe-t-il « un esprit japonais » ?*
4. *Si c'était possible, quelles règles de la grammaire française changeriez-vous ?*

LES PREMIERS MOTS

1 une langue :
2 un niveau :
3 le vocabulaire :
4 un mot :
5 l'écrit :
6 l'oral :
7 se tutoyer :
8 se vouvoyer :
9 l'anglais :
10 l'arabe :
11 un copain (une copine) :
12 un(e) inconnu(e) :

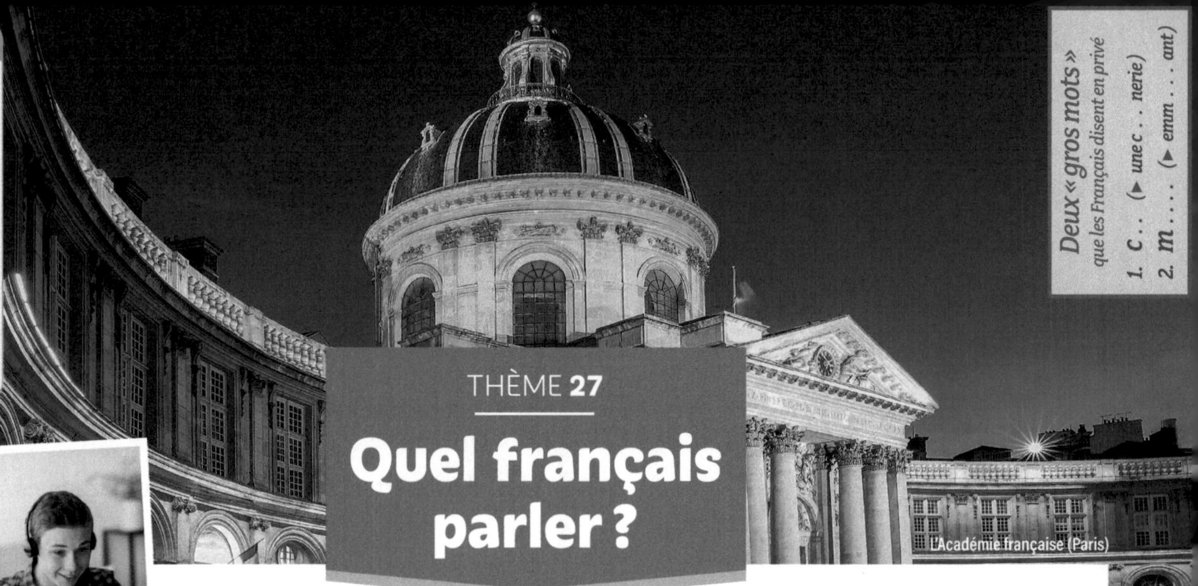

Deux « gros mots » *que les Français disent en privé*

1. **c..** (▶ *une c.. nerie*)
2. **m....** (▶ *emm... ant*)

THÈME **27**

Quel français parler ?

L'Académie française (Paris)

Il nous reste à[1] vous donner un dernier conseil pour pouvoir communiquer sans faux pas avec les Français.

Comme vous le savez sans doute, en plus du tutoiement et du vouvoiement, ils utilisent des niveaux de langue différents en fonction de[2] la situation dans laquelle ils se trouvent : en famille, entre amis, à un entretien, face à un professeur, face à des inconnus...
Si vous faites juste du tourisme, il faudra généralement utiliser le langage courant[3] ou le langage soutenu[4], puisque vous ne connaissez pas les personnes auxquelles vous vous adressez (à l'aéroport, à l'hôtel, au restaurant, etc.).
En revanche, si vous vous faites des amis[5] français, vous aurez peut-être du mal à[6] les comprendre au début, car les amis, surtout s'ils sont jeunes, utilisent souvent entre eux des mots familiers que vous n'avez pas appris en classe. Vous serez également surpris par la difficulté des films français, dans lesquels le langage familier[7] est très présent. Même la littérature, traditionnellement écrite en style soutenu, intègre parfois ce registre de langue. Le langage familier abrège certaines formes, notamment la négation (« je sais pas ») et les pronoms sujets (« t'as », « chuis », « y a », etc.), en transforme d'autres (« oui » devient « ouais »). Il utilise aussi un vocabulaire différent, intégrant par exemple des mots anglais ou arabes (« kiffer » pour « aimer ») et du verlan[8] (« zarbi » à la place de « bizarre »). Il s'agit souvent de simples modes, mais il existe aussi des mots d'argot[9] intergénérationnels[10].

Découvrir des mots familiers avec vos amis français peut être amusant, mais c'est aussi un piège dans lequel tombent de nombreux étudiants japonais séjournant en France : ils ont l'impression de parler « le vrai français » et utilisent trop souvent ces mots à la place des formes correctes. Or[11] en dehors de vos amis, ce langage peut mettre mal à l'aise les gens auxquels vous vous adressez. D'autre part, il change vite et certains mots sont rapidement démodés. Le langage courant est donc bien[12] le plus utile pour la communication et il doit rester votre objectif prioritaire !

Trois expressions des années 2000

1. ***trop*** **(=très)**
   ex. C'est trop bien !
2. ***grave*** **(=très, trop)**
   ex. Il est grave beau !
3. ***genre*** **(=un peu, par exemple)**
   ex. Il est genre bizarre...
   ex. On se retrouve, genre à 10h00 ?

Alors, ça « boume » ?

?

1 *il reste à* + 不定詞 : ～することが残っている　**2** *en fonction de ～* : ～に応じて　**3** *langage courant* : 日常的な言葉づかい　**4** *langage soutenu* : あらたまった（高尚な）言葉づかい　**5** *se faire un(e) ami(e)* : 友人を作る　**6** *avoir du mal à* + 不定詞 : ～するのに苦労する　**7** *langage familier* : くだけた言葉づかい　**8** *verlan* : 逆さ言葉　**9** *argot* : スラング，俗語　**10** *intergénérationnel(le)* : 様々な世代共通の　**11** *or* : ところが　**12** *bien* : まさしく、確かに

Exercices

LA COMPRÉHENSION

DAPF

1 Ces informations sont-elles dans le texte ?
本文にある情報はどれですか？（※選択肢の情報はすべて正しい）

- ☐ Quand on ne se connaît pas, il vaut mieux utiliser le langage soutenu ou le langage courant.
- ☐ Certains mots familiers viennent de l'arabe.
- ☐ En français familier, on inverse parfois les syllabes des mots.
- ☐ En français familier, on fait souvent l'élision pour « tu ».
- ☐ Le langage familier est utilisé dans des œuvres littéraires.
- ☐ Les mots utilisés par les jeunes sont souvent de simples modes.
- ☐ L'institution qui propose des règles et des normes pour la langue française s'appelle l'Académie française.

2 Répondez. 本文の一部を使いながら、質問に答えなさい。

1. Quel niveau de langue vaut-il mieux utiliser quand on voyage ?
2. Citez deux situations dans lesquelles vous pourrez entendre beaucoup de mots familiers.
3. Quelles sont les caractéristiques du langage familier ?
4. Pourquoi est-il préférable de ne pas apprendre trop tôt le langage familier quand on est étudiant ?

Les mots-clés

Comment dit-on ~ en français ?
1 俗語　2 日常的な言葉づかい　3 逆さ言葉
4 あらたまった言葉づかい　5 くだけた言葉づかい

le verlan　le langage courant　*l'argot*　le langage soutenu　***le langage familier***

L'expression

tutoyer ~ / vouvoyer ~
～に tu / vous を使って話す

一般に、（人々は）家族や友人、子供に tu で話すが、その他の人には vous で話す。もし迷ったら（hésiter）、話し相手に尋ねてください：「あなたに tu で話してもいいですか？」

En général, on ……………………………………

……………………………………………………

……………………………………………………

LA GRAMMAIRE

前置詞＋関係代名詞 lequel
les pronoms relatifs composés

男性単数：lequel　女性単数：laquelle
男性複数：lesquels　女性複数：lesquelles

1 用法
先行詞が関係節で前置詞を伴う場合に用いる。
ex Je vais partir en France. C'est la raison **pour laquelle** j'apprends le français. (← j'apprends le français pour cette raison)

2 注意点
1. 前置詞 à, de と lequel の縮約：
   à : **au**quel, à laquelle, **aux**quels, **aux**quelles
   de : **du**quel, de laquelle, **des**quels, **des**quelles
   ex Il utilise des mots **auxquels** je ne suis pas habitué. (← je ne suis pas habitué à ces mots)
2. 先行詞が人の場合には qui を用いることが多い。

3 Complétez avec une préposition et un pronom relatif.
［ ］内のいずれかの前置詞と適切な関係代名詞を入れなさい。

[à / dans / avec]

1. C'est un film ＿＿＿＿ il y a beaucoup de verlan.
2. Les gens ＿＿＿＿ j'ai discuté étaient très polis.
3. Le livre ＿＿＿＿ je pense parle du français argotique.
4. L'homme ＿＿＿＿ je travaille parle un français familier.
5. Céline a écrit des romans ＿＿＿＿ il y a de l'argot.
6. C'est un travail ＿＿＿＿ je fais attention à mon langage.
7. La conférence de linguistique ＿＿＿＿ j'ai assisté parlait des niveaux de langue.

La distinction

langage courant ≠ *langage familier*

文中のくだけた語・表現に対応するものをリストから選びなさい。

Y a *un truc* ＿ que j'*pige* ＿ pas...
Ce *mec* ＿ *bosse* ＿ dans une grande *boîte* ＿
et il gagne *plein de* ＿ *fric* ＿.
Mais il vit dans une vieille *baraque* ＿,
il a acheté une *bagnole* ＿ d'occasion（中古の）
et il porte toujours les mêmes *fringues* ＿ !

1 beaucoup de
2 quelque chose
3 cet homme
4 de l'argent
5 une entreprise
6 une voiture
7 des vêtements
8 travaille
9 comprends
10 une maison

Et vous ?

1. *Existe-t-il des niveaux de langues différents en japonais ?*
2. *En général, parlez-vous un japonais soutenu ?*
3. *Quels mots familiers utilisez-vous souvent en japonais ?*
4. *Qu'est-ce qui vous a étonné(e) dans cette leçon ?* (☛ *Je suis étonné(e) que* + 接続法)

Un sommet de la Francophonie à Madagascar (2016)

« La francophonie, c'est un vaste pays, sans frontières. (...) C'est le pays invisible, spirituel, mental, moral qui est en chacun de vous. »
Gilles Vigneault, poète québécois, 1998

THÈME 28

Et la francophonie, dans tout ça ?

LES PREMIERS MOTS

1 une langue :
2 une expression :
3 un mot :
4 une traduction :
5 un pays :
6 un continent :
7 le monde :
8 un endroit :
9 une culture :
10 l'histoire :
11 une population :
12 l'anglais :

La « langue de Molière[1] » est aujourd'hui la cinquième langue la plus parlée et devrait voir le nombre de ses locuteurs doubler entre 2020 et 2050.

La France ne représente en effet qu'une petite partie de la « francophonie », un terme qui désigne l'ensemble des personnes parlant français dans le monde. Il peut s'agir soit de pays entiers ayant le français pour langue maternelle[2], langue officielle[3], ou langue de culture[4], soit de simples communautés. Ces différences de situations sont en grande partie[5] liées à l'histoire des anciennes colonies françaises.

Bon matin !
Soixante-dix
Non, septante !
On dit quoi ?

Le français est donc utilisé sur plusieurs continents et par des populations de cultures très différentes. Cette diversité se retrouve dans la langue, à travers les accents bien sûr, mais aussi les mots eux-mêmes.
Il n'est pas nécessaire de s'éloigner de la France pour se sentir dépaysé[6] : le français parlé par nos voisins belges ou suisses offre déjà de nombreuses variantes. Ainsi, au lieu de[7] dire « soixante-dix » ou « quatre-vingt-dix », ils disent plus simplement « septante » ou « nonante ».
Le français du Québec est un autre exemple intéressant. Il utilise des archaïsmes[8] comme « à cause que » (pour « parce que ») et, bien sûr, des anglicismes[9] : « faire des jokes » au lieu de « plaisanter » ou, plus subtilement, « bon matin » pour « bonjour ». Pourtant c'est aussi, paradoxalement, par sa manière de résister à l'anglais que le Québec étonne les Français. Par exemple, au lieu de dire : « Le week-end, je fais du shopping », les Québécois préfèrent dire : « La fin de semaine, je fais du magasinage ». Si nécessaire, ils créent des néologismes[10]. Ainsi, pour éviter l'anglicisme « chatter » (utilisé par les Français), ils disent qu'ils « clavardent », un verbe qui mélange « clavier » et « bavarder ».

En Afrique francophone également, chaque pays a sa propre version de la langue française, intégrant des traductions d'expressions locales et des mots anciens. Si une personne vous demande soudain : « On dit quoi ? », comprenez-vous ce qu'elle veut dire ? En fait, elle veut juste savoir si ça va. Vous trouvez ça « cailloux[11] » ?

L'Alliance française à Szeged (Hongrie)

Le réseau culturel français à l'étranger : instituts et alliances

L'Institut français à Kyoto

1 *la langue de Molière* : モリエールの言語（=フランス語） 2 *langue maternelle* : 母語 3 *langue officielle* : 公用語 4 *langue de culture* : 文化言語 5 *en grande partie* : 大部分は 6 *se sentir dépaysé(e)* : 違和感を覚える 7 *au lieu de ~* : ～の代わりに 8 *archaïsme* : 古語, 使われなくなった用法 9 *anglicisme* : 英語からの借用語 10 *néologisme* : 新語 11 *cailloux = difficile (Burkina Faso)*

Exercices

Les mots-clés

Comment dit-on ~ en français ?
1 母語　2 文化言語　3 英語からの借用語
4 フランス語圏　5 公用語

la langue de culture　la langue officielle　un anglicisme　la langue maternelle　la francophonie

franco / japono / anglo　接頭辞・接尾辞　phone (話す) / phile (好む) / phobe (嫌う)

L'expression

日本語話者の学生はフランス語と日本語の違いから (à cause de) 間違いをするが、彼らは英語話者の学生と同じ間違いもする、なぜなら彼らはフランス語より先に英語を学んだからだ。

Les étudiants ....

....

....

LA COMPRÉHENSION

DAPF

1 Cochez les bonnes réponses. 正しい答えを選びなさい。

1. Le français est surnommé la langue de...
   ☐ Senghor　☐ Hugo　☐ Molière
2. La première langue qu'on parle quand on est enfant est la langue...
   ☐ maternelle　☐ officielle　☐ de culture
3. Un mot nouveau est...
   ☐ un anglicisme　☐ un néologisme　☐ un archaïsme
4. En Belgique, 70 se dit...
   ☐ soixante-dix　☐ sept dizaines　☐ septante

2 Répondez. 本文の一部を使いながら、質問に答えなさい。

1. Qu'est-ce que la « francophonie » ?
2. Le nombre des personnes parlant français va-t-il baisser ?
3. Quelles sont les particularités du français du Québec ?
4. Pourquoi le français parlé dans les pays d'Afrique francophone est-il différent ?

LA GRAMMAIRE

間接話法（平叙文・疑問文）
le discours indirect

1 平叙文

主節 + que + 従属節（人称の変化に注意）
ex « Mon père est suisse. »
→ Il me dit **que** son père est suisse.

2 疑問文

1. 疑問詞なし：主節 + si + 疑問節（平叙文に直す）
   ex « Tu vas bien ? »
   → Il me demande **si** je vais bien.
2. 疑問詞あり：主節 + 疑問詞 + 疑問節
   ex « Quand iras-tu à Dakar ? »
   → Il me demande **quand** j'irai à Dakar.
   注意：que / qu'est-ce que は **ce que**、qu'est-ce qui は **ce qui** となる。
   ex Il me demande **ce que** je veux faire.

3 Complétez. 間接話法の文に書きかえなさい。

1. « Où parle-t-on français ? »
   Il demande
2. « Y aura-t-il plus de francophones dans 50 ans ? »
   Je me demande
3. « Que faut-il faire pour mieux parler français ? »
   Je ne sais pas
4. « Qu'est-ce que ça veut dire ? »
   Je ne comprends pas
5. « Tu n'as aucun accent ! »
   Il me dit

La distinction

le français ≠ *l'anglais*

Ah là là, je n'ai pas passé / réussi le DALF !
Pourtant, j'ai étudié le français tous les jours
à la librairie / la bibliothèque... Le problème, c'est
que j'ai rarement la chance / l'occasion de parler,
alors je cherche une place / un endroit
où je pourrais rencontrer des francophones.

Et vous ?

1. *À part la France, quels pays francophones aimeriez-vous visiter ?*
2. *Quel est votre mot français préféré ?*
3. *Trouvez-vous que le japonais utilise trop de mots étrangers ?*
4. *Qu'est-ce qui vous a étonné(e) dans cette leçon ?* (☛ *Je suis étonné(e) que* + 接続法)

Documents

Le saviez-vous ?

フランス語は多くの国で話されているだけでなく、様々な国際機関で公用語として使用されています。例えば国際オリンピック委員会（英語も公用語）、国際司法裁判所（英語も公用語）、欧州評議会（英語も公用語）、経済協力開発機構（英語も公用語）、北大西洋条約機構（英語も公用語）、万国郵便連合（仏語が唯一の公用語）があります。

Doc 1 Les chiffres de la francophonie

Source : Organisation internationale de la Francophonie, 2019

Doc 2 Quelques exemples de pays où on parle français

	nombre de locuteurs du français* (en millions)	part de la population
le Congo (RD)	42,5	51%
l'Algérie	13,8	33%
le Maroc	12,7	35%
l'Allemagne	12,2	15%
l'Italie	11,5	19%
le Canada	11	29%
le Royaume-Uni	10,9	16%
le Cameroun	10	41%
la Belgique	8,7	75%
la Côte d'Ivoire	8,3	33%
la Tunisie	6,1	52%
la Suisse	5,7	67%
l'Espagne	5,4	12%
Madagascar	5,3	20%
Haïti	4,7	42%

* フランス語話者（フランス語を習得しているが、日常生活で使用していない人を含む）

Source : Organisation internationale de la Francophonie, chiffres de 2018

Doc 3 Les différents statuts du français

1. **la langue officielle unique**
   Ex. le Sénégal, le Mali, le Québec, Monaco
2. **l'une des langues officielles**
   Ex. la Belgique, le Burundi, le Canada
3. **une langue couramment utilisée**
   Ex. le Maroc, le Liban, la Louisiane
4. **une langue partiellement utilisée**
   Ex. l'Inde, le Vietnam, les États-Unis

Doc 4 Quelques différences entre le français de France, du Québec et de Suisse

en France	au Québec	en Suisse
Salut !	*Allo !*	*Adieu !*
De rien !	*Bienvenue !*	*Service !*
Au revoir !	*Bonjour !*	*Tchüss !*
idiot	*niaiseux*	*bobet*

Doc 5 Deux écrivains francophones renommés : un académicien et un « prix Goncourt »

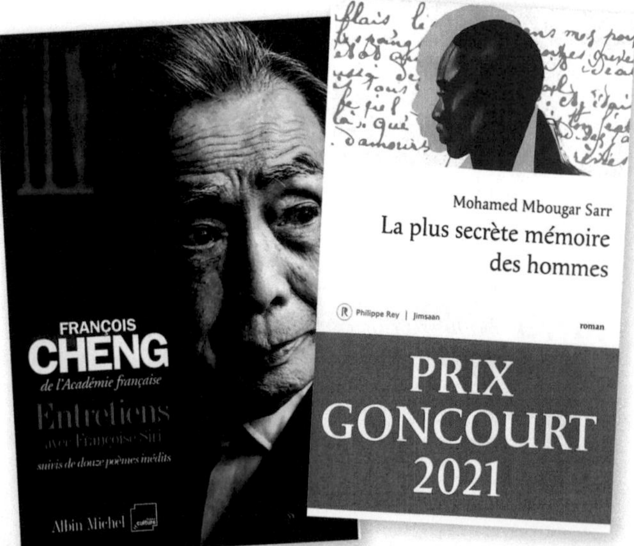

Doc 6 Un panneau à l'entrée de la Louisiane, aux États-Unis

Doc 7 La francophonie dans le monde

Les mots-clés

Thème 1

nuancer
simplificateur
une généralisation
un cliché
relatif

Thème 2

l'Hexagone
l'outre-mer
une frontière
la métropole
le carrefour de l'Europe

Thème 3

draguer
s'embrasser
montrer ses sentiments
se tenir par la main
plaisanter

Thème 4

recevoir
un vis-à-vis
écologique
les vieilles pierres
l'isolation

Thème 5

le PACS
une famille recomposée
le mariage pour tous
le concubinage
une famille monoparentale

Thème 6

saucer
un produit bio
végétarien(ne)
la convivialité
une tartine

Thème 7

une sauce
la nouvelle cuisine
la cuisine du terroir
la gastronomie
une étoile

Thème 8

une sortie
être cultivé(e)
une politique culturelle
une subvention
un festival

Thème 9

un jour férié
un embouteillage
les grandes vacances
la pétanque
bronzer

Thème 10

le bac
les grandes écoles
l'ascenseur social
la gratuité
redoubler

Thème 11

la vie privée
le télétravail
une heure sup
les congés payés
un contrat

Thème 12

le secret médical
un désert médical
la protection universelle
la Sécurité sociale
le 15

Thème 13

dire bonjour
arriver à l'heure
le quart d'heure de politesse
tenir la porte
renifler

Thème 14

débattre
contredire
donner son avis
couper la parole
meubler

Thème 15

Mai 68
la Résistance
la Révolution française
les droits de l'homme
une colonie

Thème 16

l'intégration
l'immigration
la discrimination
le droit du sol
un réfugié

Thème 17

gaulois(e)
une invasion
un chef charismatique
la nostalgie
gaulliste

Thème 18

bobo
un pays centralisé
la ruralité
un lieu touristique
la province

Thème 19

les Ch'tis
la culture latine
la culture germanique
la culture celtique
le créole

Thème 20

macho
la galanterie
l'écriture inclusive
la charge mentale
l'école mixte

Thème 21

athée
la messe
pratiquant(e)
croyant(e)
la laïcité

Thème 22

la mondialisation
le revenu universel
un impôt de solidarité
la fracture sociale
le bling-bling

Thème 23

une grève
un acquis social
une manifestation
le niveau de vie
une cause

Thème 24

la gauche
la démocratie
la cohabitation
la République
la droite

Thème 25

l'Union européenne
le Frexit
l'indépendance
Erasmus
la PAC

Thème 26

cartésien(ne)
une dissertation
le jardin à la française
la philosophie
un débat

Thème 27

le verlan
le langage familier
le langage soutenu
le langage courant
l'argot

Thème 28

la francophonie
la langue maternelle
la langue de culture
la langue officielle
un anglicisme

Crédits photos

Page titre
foule sur les Champs-Elysées : ©Tommy Larey/Shutterstock.com

MANIÈRES DE VIVRE p.5
jeu en famille : ©Nicolas Dassonville • marais poitevin : ©Unai Huizi Photography/Shutterstock.com • élèves : ©Lumos sp/fotolia • marché : ©Antoine Faron • femme ordinateur : ©Michel Lorrillard • manifestation : ©Salvatore Allotta/Shutterstock.com • Paris plage : ©Olivier Lorrillard • saucisson : ©Antoine Faron

THÈME 1 (p6-7)
clichés : ©Balabolka/Shutterstock.com • grenouille : ©Julien Tromeur/Shutterstock.com

THÈME 2 (p8)
vue satellite : ©Anton Balazh/Shutterstock.com • DOM : ©Ingo Menard/Shutterstock.com • montgolfières : ©Sylvain Leurent

PAYSAGES (p11)
Pyrénées : ©1tomm/Shutterstock.com • gouffre de Padirac : ©Olivier Lorrillard • vaches : ©Nicolas Dieppedalle-stock.adobe.com • bottes de paille : ©Mike Mareen/Shutterstock.com • Calanques : ©Pierre-Antoine LAINE-stock.adobe.com • falaises d'Etretat : ©proslgn/Shutterstock.com • Dune du Pilat : ©JeanLucIchard/Shutterstock.com • vignes : ©Richard Semik/Shutterstock.com • volcans : ©IURII BURIAK/Shutterstock.com • champ de lavande : ©Tilio&Paolo-stock.adobe.com • Alpes : ©Dew Scienartist/Shutterstock.com • plage : ©Liligraphie/Shutterstock.com • Bora-Bora : ©Alexandree/Shutterstock.com • Pont d'Arc : ©Olivier Lorrillard

THÈME 3 (p12-13)
rue Bordeaux : ©katatonia82/Shutterstock.com • terrasse Paris : ©Elena Pominova/Shutterstock.com • marché à Nice : ©Inna Felker-stock.adobe.com • couple : ©Juan Garcia Hinojosa/Shutterstock.com • kiosque parisien : ©EQRoy/Shutterstock.com

THÈME 4 (p14-16)
extérieur maison provençale : ©Laurent Chevalier/Shutterstock.com • intérieur studio : ©Laurent Lorrillard • immeuble balcons : ©Alexander Sorokopud/Shutterstock.com • apéritif jardin : ©Nicolas Dassonville • boutons d'ascenseur : ©Marie-Noëlle Beauvieux • photo petite annonce Lyon : ©Sander van der Werf/Shutterstock.com • plan d'une maison moderne : ©Nicolas Dassonville

THÈME 5 (p17-19)
famille : ©Emmanuel Dassonville • deux pères et mes repères : ©Dmitry Brizhatyuk/Shutterstock.com • tous nés d'un homme et d'une femme : ©Andrey Malgin/Shutterstock.com

THÈME 6 (p20-22)
famille à table : ©Nicolas Dassonville • famille à table 2 : ©Laurent Lorrillard • sandwich : ©arquiplay77-stock.adobe.com • petite fille mettant la table : ©Nicolas Dassonville • pain : ©Gentil François/fotolia.com • rayon yaourts : ©Jacky D/Shutterstock.com • petit déjeuner : ©Cécile Lorrillard • courgettes bio : ©Bruno Vannieu • radis bio : ©Richard Villalon-stock.adobe.com • autres rayons bio : ©Michel Lorrillard

PLATS (p23)
quiche lorraine : ©Sergii Koval/Shutterstock.com • coquilles Saint-Jacques : ©bonchan/Shutterstock.com • foie gras : ©Chatham172/Shutterstock.com • terrine : ©photocrew1/Shutterstock.com • huîtres : ©papinou-stock.adobe.com • escargots : ©Marco Mayer-stock.adobe.com • bouchées à la reine : ©Angelique clic/Shutterstock.com • gratin dauphinois : ©bonchan/Shutterstock.com • bouillabaisse : ©margouillat photo/Shutterstock.com • choucroute : ©martine wagner-stock.adobe.com • moules : ©Dieppedalle-stock.adobe.com_10326801 • gigot d'agneau : ©hlphoto/Shutterstock.com • ratatouille : ©from my point of view/Shutterstock.com • lapin : ©BarbaraGoreckaPhotography/Shutterstock.com • bœuf bourguignon : ©Slawomir Fajer/Shutterstock.com • fondue savoyarde : ©M.studio-stock.adobe.com • magret : ©FotoFeast/Shutterstock.com • raclette : ©margouillat photo/Shutterstock.com • cassoulet : ©margouillat photo/Shutterstock.com • potée : ©Chatham172/Shutterstock.com • tomates farcies : ©Piotr Krzeslak/Shutterstock.com • couscous : ©page frederique/Shutterstock.com • grenouille : ©page frederique/Shutterstock.com • blanquette : ©from my point of view/Shutterstock.com • galette : ©Olivier Lorrillard

THÈME 7 (p24-26)
restaurant Train bleu : ©jan kranendonk/Shutterstock.com • macarons : ©Melica/Shutterstock.com • Bocuse : ©Gaborturcsi/Shutterstock.com • plaque michelin : ©ricochet64/Shutterstock.com • pintade : ©Olivier Lorrillard • salade : ©Olivier Lorrillard • émulsion : ©Olivier Lorrillard • fromages 1 : ©MisterStock/Shutterstock.com • fromages 2 : ©cynoclub/Shutterstock.com • bouteille et verre : ©RomanSlavik.com/Shutterstock.com

THÈME 8 (p28-30)
concert rock : ©FreeProd33/Shutterstock.com • Joconde : ©White_Fox/Shutterstock.com • festival de Cannes : ©Denis Makarenko/Shutterstock.com • concert classique : ©Olivier Lorrillard • Bibliothèque nationale : ©Anton_Ivanov/Shutterstock.com • 3 photos théâtre amateur : ©Marie-Pierre Jandeau • romans : ©Olivier Lorrillard

CHRONOLOGIE DE L'ART (p31)
le Penseur : ©Olivier Lorrillard • romans : ©Olivier Lorrillard • Simone Weil : Domaine public • Victor Hugo : Domaine public • Maurice Ravel Domaine public • Claude Monet : Domaine public • les frères Lumière : Domaine public • tableau Rousseau ©WLA moma Henri Rousseau The Dream licence CC BY 2.5 • tableau Monet : Domaine public • tableau Gauguin : Domaine public • tableau Millet : Domaine public • tableau Géricault : Domaine public

THÈME 9 (p32-34)
plage de Nice : ©Travel-Fr/Shutterstock.com • Paris plage : ©Olivier Lorrillard • pétanque : ©Nicolas Dassonville • ski Chamonix : ©gorillaimages/Shutterstock.com • péniche sur la Marne : ©Olivier Lorrillard • cabane dans les arbres : ©Sylvain Leurent

THÈME 10 (p35-37)
élèves : ©Lumos sp/fotolia • amphithéâtre : ©EQRoy/Shutterstock.com • diplôme baccalauréat : ©Tomfry-stock.adobe.com • diplôme d'ingénieur : ©Delphotostock-stock.adobe.com • entrée Sorbonne : ©Alexandre Rotenberg/Shutterstock.com • entrée Sciences Po : ©EQRoy/Shutterstock.com • entrée Normale sup : ©Olivier Lorrillard • défilé polytechnique : ©KievVictor/Shutterstock.com

THÈME 11 (p38-40)
vendanges : ©Daan Kloeg/Shutterstock.com • ouvrier : ©Olivier Lorrillard • pêcheurs : ©Olivier Lorrillard • employées : ©Pascale Cliquot • télétravail : ©Claire Lorrillard • manifestation : ©Hadrian/Shutterstock.com • balance : ©tatianasun/Shutterstock.com • activités travail : ©Laurent Lorrillard • code du travail : ©GERARD BOTTINO/Shutterstock.com

THÈME 12 (p41-43)
Hospices de Beaune et médicaments : ©Olivier Lorrillard • consultation : ©Phovoir/Shutterstock.com • Jeanne Calment : Domaine public

THÈME 13 (p44-45)
mains serrées : ©Gutesa/Shutterstock.com

THÈME 14 (p46-47)
groupe en conversation, mains : ©G-Stock Studio/Shutterstock.com • conversation sur canapé : ©fizkes/Shutterstock.com • conversation à trois : ©Nicolas Dassonville • jeune homme téléphone : ©Quentin Lorrillard

CALENDRIER DES FÊTES (p48)
galette des rois : ©bonchan/Shutterstock.com • crêpes : ©Natali Samoro/Shutterstock.com • masque : ©TatjanaRittner/Shutterstock.com • poisson d'avril : ©Drazbedel/Shutterstock.com • œuf de Pâques : ©Madlen/Shutterstock.com • muguet : ©bonchan/Shutterstock.com • trompette : ©Horatiu Bota/Shutterstock.com • drapeau : ©Tatohra/Shutterstock.com • bûche de noël : ©Marilyn barbone/Shutterstock.com • bonne année : ©HowLettery/Shutterstock.com • vue Paris (gargouille) : ©JeniFoto/Shutterstock.com

MANIÈRES DE PENSER p.49
fontaine place de la Concorde : ©Olivier Lorrillard • le Penseur : ©Olivier Lorrillard • Marianne : ©Olivier Lorrillard • château Bourgogne : ©Olivier Lorrillard • statue Descartes : Domaine public • gargouille : ©JeniFoto/Shutterstock.com

THÈME 15 (p50-53)
tombe du soldat inconnu : ©meanmachine77/Shutterstock.com • homme en pleurs 1940 : ©Everett Collection/Shutterstock.com • armée allemande : ©Deutsches Bundesarchiv https://creativecommons.org/licenses/by-sa/3.0/de/deed.en • prise de la Bastille : ©Everett Collection/Shutterstock.com • ©journal Le Monde • carte empire colonial : Domaine public • tableau Delacroix : Domaine public • BD Astérix (Uderzo et Goscinny) : ©Olivier Lorrillard, Droits réservés auprès des auteurs respectifs et de leurs ayant droit • Lascaux : ©thipjang/Shutterstock.com • 1968 : ©michaket/Shutterstock.com • déclaration des droits de l'homme : Domaine public

THÈME 16 (p54-56)
équipe de France : ©A.RICARDO/Shutterstock.com • affiche Musée de l'immigration : ©campagne de communication 2013 du Musée national de l'histoire de l'immigration https://lareclame.fr/60202+musee+immigration • Musée de l'immigration : ©EQRoy/Shutterstock.com • Ting : ©Michel Lorrillard • Portraits de France : ©édité par le ministère de la Cohésion des territoires et des Relations avec les collectivités territoriales

THÈME 17 (p57-59)
Panthéon : ©Tommy Larey/Shutterstock.com • statue Vercingétorix : ©Tristan333/Shutterstock.com • statue Jeanne d'Arc : ©Cynthia Liang/Shutterstock.com • statue de Gaulle : ©Nikonaft/Shutterstock.com • statue Louis XIV : ©Delpixel/Shutterstock.com • statue Napoléon : ©EuropePhoto/Shutterstock.com • Napoléon : ©ivanpavlisko/Shutterstock.com • Vercingétorix : Domaine public • Jeanne d'Arc : Domaine public • Louis XIV : Domaine public – Napoléon : Domaine public • de Gaulle : Domaine public

THÈME 18 (p60-62)
vue Paris (gargouille) : ©JeniFoto/Shutterstock.com • Mont Saint-Michel : ©Max Topchii-stock.adobe.com • château de Chaumont : ©Olivier Lorrillard • château de Chambord : ©Tsomchat/Shutterstock.com • château de Chenonceau : ©proslgn/Shutterstock.com • logo de partirdeparis.fr • logo de paris-jetequitte.com

VILLES DE FRANCE (p63)
Lille : ©Jacky D/Shutterstock.com • Metz (torii) : ©Joaquin Ossorio Castillo/Shutterstock.com • Strasbourg : ©Pajor Pawel/Shutterstock.com • Saint-Malo : ©Boris Stroujko/Shutterstock.com • Bordeaux : ©Leonid Andronov/Shutterstock.com • Nancy : ©ilolab/Shutterstock.com • Toulouse : ©yvon52/Shutterstock.com • Lyon : ©prochasson residen/Shutterstock.com • Carcassonne : ©Mike Mareen/Shutterstock.com • Grenoble : ©colores/Shutterstock.com • Marseille : ©Sergii Figurnyi/Shutterstock.com • Nice : ©Sergii Zinko/Shutterstock.com

THÈME 19 (p64-66)
façade basque : ©Sasha64f/Shutterstock.com • façade feuilles : ©Ruth Black/Shutterstock.com • façade Bretagne : ©Elenathewise-stock.adobe.com • façade normande : ©Olivier Lorrillard • façade alsacienne : ©Jean-Jacques Cordier-stock.adobe.com • façade nord : ©Nathalie Pothier/Shutterstock.com • façade Nice : ©Vladimir Mucibabic-stock.adobe.com • armoiries régionales : ©grebeshkovmaxim/Shutterstock.com • bigoudène : ©synto/Shutterstock.com • fêtes de Bayonne : ©Delpixel/Shutterstock.com • panneaux : (Bretagne) ©Geneviève Chaffard, (Alsace) ©Julien Dassonville, (Toulouse) ©Tupungato/Shutterstock • carte des bises : ©Mathieu Avanzi, lefrançaisdenosregions.com • bagad à Tréguier : ©gdela/Shutterstock.com • tête de Maure : ©915903/Fotolia.com • choucroute : ©martine wagner/Fotolia.com • savon de Marseille : ©ChantalS/Fotolia.com • maroille : ©MisterStock/Shutterstock.com • carnaval de Nice : ©shot4shot/Shutterstock.com • carnaval de Dunkerque : ©HUANG Zheng/Shutterstock.com

LA FRANCE D'OUTRE-MER (p67)
Guadeloupe : ©Mark and Anna Photography/Shutterstock.com • Réunion : ©infografick/Shutterstock.com • Saint-Pierre et Miquelon : ©Henryk Sadura/Shutterstock.com • Tahiti : ©sarayuth3390/Shutterstock.com • Edouard Glissant : ©YEHKRI.COM A.C.C. https://fr.wikipedia.org/wiki/Édouard_Glissant#/media/Fichier:EdouardGlissant.jpg • Nouvelle-Calédonie : ©Mark and Anna Photography/Shutterstock.com • Nouvelle-Calédonie : ©Gael Fleissner/Shutterstock.com

THÈME 20 (p68-70)
affiches de la campagne contre le sexisme, 2012 : ©Laboratoire de l'égalité • On arrête toutes : ©Kateryna Deineka/Shutterstock.com • équipe féminine de Lyon : ©Oleksandr Osipov/Shutterstock.com • photo du gouvernement Elisabeth Borne, 2022 : ©AFP • chevalier : ©ArtCreationsDesignPhoto/Shutterstock.com • la charge mentale : ©Emma, Fallait demander, 2017 • Le masculin l'emporte sur le féminin : Grammaire Conjugaison Orthographe - Cours moyen, Berthou, Gremaux, Voegelé, 1951

THÈME 21 (p71-73)
Jugement dernier : ©Olivier Lorrillard • mosquée de Paris : ©Olivier Lorrillard • synagogue : ©Natalia Bratslavsky/Shutterstock.com • Notre-Dame en feu : ©Loic Salan/Shutterstock.com • carte des catholiques pratiquants : La religion dévoilée : Nouvelle géographie du catholicisme, Jérôme Fourquet, Hervé Le Bras, 2014 • affiche de la campagne d'information sur la laïcité : réalisée par Julien Micheau, Observatoire de la laïcité, 2015

THÈME 22 (p74-76)
euros : ©Jérôme SALORT-stock.adobe.com • usine Airbus : ©Skycolors/Shutterstock.com • ministère de l'économie : ©olrat/Shutterstock.com • caisse automatique : ©frantic00/Shutterstock.com • les soldes : ©Olivier Lorrillard • la Défense : ©Alfonso de Tomas/Shutterstock.com • logos de 12 entreprises du CAC 40

THÈME 23 (p77-79)
gilets jaunes : ©Alexandros Michailidis/Shutterstock.com • manifestation 1 (LGBT) : ©aleksandart/Shutterstock.com • manifestation 2 (sans papiers) : ©Olga Besnard/Shutterstock.com • manifestation 3 (archéologie) : ©Olivier Lorrillard • manifestation 4 (services publics) : ©Olga Besnard/Shutterstock.com • nuit debout : ©Hadrian/Shutterstock.com

THÈME 24 (p80-82)
assemblée (nuit) : ©Petr Kovalenkov/Shutterstock.com • Emmanuel Macron en campagne : ©Frederic Legrand – COMEO/Shutterstock.com • bureau de vote : ©Jackin-stock.adobe.com • carte électorale : ©fotolia.com • séance à l'assemblée : ©Jo Bouroch/Shutterstock.com • affiches de campagne pour l'élection présidentielle de 2022 • portraits officiels des présidents de la République

THÈME 25 (p83-85)
Emmanuel Macron Europe : ©Alexandros Michailidis/Shutterstock.com • un euro : ©KsanderDN/Shutterstock.com • Parlement européen (extérieur) : ©S. Nedev/Shutterstock.com • affiche de l'Auberge espagnole • Parlement européen (intérieur) : ©Drop of Light/Shutterstock.com

THÈME 26 (p86-87)
jardin de Versailles : ©Atlantis-stock.adobe.com • Descartes : Domaine public • écrans télé (LCI, France 2, France 5) : ©Olivier Lorrillard

THÈME 27 (p88-89)
Académie française : ©Petr Kovalenkov/Shutterstock.com • entretien : ©fizkes/Shutterstock.com • jeune et ordinateur : ©Prostock-studio/Shutterstock.com • guichet de gare : ©Takashi Images/Shutterstock.com • fille et garçon : ©Léa Lorrillard • 3 livres : ©Olivier Lorrillard

THÈME 28 (p90-93)
Antananarivo 2016 : ©Golden Brown/Shutterstock.com • planète : ©Lightspring/Shutterstock.com • Alliance française : ©BalkansCat/Shutterstock.com • Institut : ©Olivier Lorrillard • affiche francophonie : ©OIF • deux livres : ©Olivier Lorrillard • panneau de la Louisiane : ©Hypersite/CC-BY-SA-3.0,2.5,2.0,1.0

Page de remerciements
Sully-sur-Loire : ©Viacheslav Lopatin/Shutterstock.com

**Merci à celles et ceux qui nous ont
entourés, éclairés, fortifiés parfois :**

Pang, Midori, Elisabeth, Ryo, Vincent, Yoshiko, Antoine, Satoko, Marie-Noëlle, Yuzuki, Jean-Gabriel, Akari, Olivier, Miyu, Adrien, Rina, Claude, Ayaka, Éric, Takumi, Justine, Honoka, Pascale, Masaya, Cécile, Quentin, Léa, Lise, Nicolas, Claire, Ting, Laurent et Michel.

2023 年 3 月 15 日　初版第 1 刷発行

著者	Olivier Lorrillard, Akiko Tamura, Nicolas Dassonville
表紙デザイン	Eric Vannieuwenhuyse
グラフィックデザイン	Olivier Lorrillard, Adélaïde Conort
発行所	株式会社アルマ出版

Tel : 075-203-4606　FAX : 075-320-1721　E-mail : info@almalang.com

ISBN 978-4-905343-32-5　定価（本体 2,500 円＋税）

Printed in Japan